詰め方・
おかずで
悩まない！

毎日の

ラクべんとう図鑑

長谷川りえ 著

ナツメ社

「ラクしておいしく作りたい」。
きっと誰もがそう思うでしょうが、
25年ほどお弁当作りをしてきた私も、
結局はこの考えに至りました。

毎日お弁当を作っていると、
「おかずの数は2〜3品で十分だな」
「好きなおかずは何度詰めても喜ぶから、
　レパートリーを増やさなくてもいいじゃない」
「時短したくてレンチンしたら、
　そのほうがむしろおいしくできた」
など、さまざまな発見があります。
こうしたことを経験として蓄積してきて、
自然と「私流のルール」のようなものが
できあがりました。

そこには、
時短で作れる技
手間なしで作るアイデア
冷めてもおいしい調理のコツ
など、さまざまな「ラクしておいしいお弁当作りの技」が含まれています。

たとえば、私のお弁当作りは朝からスタートします。
作りおきをしたり、夕食のおかずを使ったりすることもありますが、
ほぼ毎朝一から作ります。それでも、**20分もあれば完成**します。
もちろん経験の長さや慣れもありますが、それだけではありません。
「できるだけギリギリまで寝ていたい」
「眠い頭で何も考えられない」と思うのは、私も同じです。
だからこそ、短い時間で作ろうと工夫をしてきたのです。
まずは、そうした経験を重ねて生まれた**時短で作れる技をご紹介**しましょう。

ほかの手間なしアイデアやおいしく作るコツは、
別のページ (→p38、62、96、108、126)で紹介しています。

1

前夜に食材をまとめておく

前の晩に冷蔵庫をチェックして、お弁当に使えそうな食材をバットに入れておきます。翌朝はそれを取り出して、メニューを考えます。冷蔵庫に点在するたくさんの食材の中から考えるよりも効率がよく、時短につながります。

半端野菜や少量の肉などをひとまとめに。使い忘れが防げますし、前夜にメニューを考えておいたときにはすぐに思い出せます。

ズッキーニのケチャップ炒め（→p112）に半端に残っていたピーマンを入れました。まとめておいた半端食材は、こんなふうにしてお弁当で使い切っています。

2

レンジを活用する

電子レンジは短時間で火が通るので、時短調理に大活躍。加熱中は放置できるので、ほかの作業を進められます。それだけではなく、短時間で素材のうまみが引き出されて味が凝縮するので、少ない調味料でおいしく仕上がります。これも電子レンジならではのよさです。

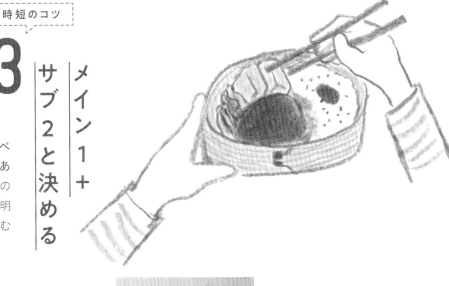

時短のコツ

3 メイン1＋サブ2と決める

おかずはごはんをおいしく食べるためのものなので、3品もあれば十分です。詰めるおかずの数が決まっていればゴールが明確で、まだ足りないかなと悩む必要がありません。

メインはなす入りしょうが焼き。サブは焼きがんもどきと、塩もみきゅうりです。

メインはケチャップソースをかけたハンバーグ。サブは卵サラダに、ほうれん草としめじのソテーです。

時短のコツ

4 メインはしっかり味、サブはシンプルな味

メインはごはんが進むように濃いめの味つけで、サブはポン酢しょうゆであえるなどさっぱり味か、塩とこしょうでソテーするなどシンプルな味つけに。もう1品はゆでただけや切っただけの野菜を入れるのを基本とします。このルールがあれば考えやすくなりますし、自然と味のメリハリもつきます。

メインは砂糖としょうゆで甘辛く味つけた牛肉の炒めもの。サブはさっぱり味のオクラとしいたけのポン酢あえ。ゆで卵を添えて。

メインは鶏のから揚げを酢豚風に調味したしっかり味。サブはにんじんのごま塩昆布あえと、ゆで卵。どちらもシンプルな調理法と味つけ。

5 詰め方は2パターン

お弁当は詰める作業にも意外と時間をとられますが、私のお弁当の詰め方は「2分割盛り」と「のっけ盛り」のたったの2つです。おかずに合わせてどちらにしようか選ぶだけなので、迷うことがありません。

※お弁当の詰め方はp126を見てください。

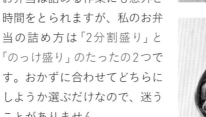

2分割盛り

ごはんとおかずを分けて詰めます。私のお弁当の多くはこの詰め方です。

のっけ盛り

ごはんの上におかずをのせる詰め方です。メインおかずの味がごはんにしみるとおいしいときはこの方法で詰めます（しょうゆ鶏→p31、かつの卵とじ→p57など）。

6 曲げわっぱを使う

曲げわっぱの魅力は、冷めてもごはんがおいしいところや、おかずがおいしそうに見える見栄えのよさですが、通気性がいいのでおかずを温かいまま詰められるのもいいところです。おかずを冷ます時間がいらない分、時短にもひと役かいます。

私のお弁当作りのこと

夫のために作りはじめたのが、私のお弁当作りのきっかけで、そこから25年超。今では息子の分も増え、毎朝2つのお弁当を作っています。朝は6時40分に目覚ましをセット。そこからお弁当を作って撮影し、家族が出ていく7時半には朝の喧騒が落ち着くといった毎日です。写真を撮っておくと、「このおかず、最近作っていないな」といった発見があり、記憶の呼び起こしになります。

形や大きさなどの違いで我が家には20個ほどの曲げわっぱがあります。「ごはんがおいしい」と家族にも好評です。

CONTENTS

PART 1
何度も作りたい
定番おかず弁当

PART 2

身近な食材で作れる
メインおかず

この本の使い方

● 小さじ1＝5㎖、大さじ1＝15㎖、1カップは200㎖です。

● 電子レンジの加熱時間は600Wの場合の目安です。500Wなら1.2倍を目安に加熱してください。ただし、機種によって違いがあるので、様子を見ながら調節してください。

● レシピに記載の、炒めたり焼いたりする時間は目安です。必ず完全に火が通っているかを確認してください。

●「ほかのおかず」の参照ページは、調理法や味つけが同じ場合に記載しているので、食材が完全に一致していないこともあります。その代わり、料理名に使用食材を記したので、それをヒントにしてください。

● 調味料ひとつだけ の調味料に油は含みません。

● 食材を無駄なく使いきるようにしているため、半端に残った食材をお弁当のおかずに使うこともあります。たとえば、p114の「なすのみそ炒め」には黄色いにんじんが入っていますが、たまたま冷蔵庫に少しだけ残っていたので加えました。ですから、レシピを見て不要だと思ったときは、その食材はなしで作ってください。

PART

1

何度も作りたい
定番おかず
弁当

お弁当は食べてくれる人に喜んでもらえるのが何よりなので、
作る側としては、レパートリーを増やさなきゃと思ってしまいがち。
でも、しょうが焼きやから揚げなどの定番ものは
何度入れても喜ばれるのだから、
無理にレパートリーを増やす必要はありません。
定番おかずをくり返し入れればいいのです。
ひとつのおかずから派生するアレンジや味変のアイデアも
豊富に紹介したので、毎日のお弁当作りにきっと役立つはずです。

しょうが焼き弁当

●フライパンが冷たいところに肉を入れてから点火します。この「コールドスタート調理」だと
　焦げつきにくく、失敗が少ないです。

●肉の上に野菜を重ね、肉に八割ほど火が通るまで動かさずに焼くのがコツです。
　肉がかたくならず、野菜も食感よく仕上がります。

夕食に炊いた
1品を活用

ほかのおかず
▶ たけのこごはん
▶ 卵焼き（→p49）

しょうが焼き

材料 (1人分)

豚こま切れ肉 ·············· 70g
玉ねぎ ·················· ¼個
サラダ油 ·············· 少々
A
 ├ しょうが（すりおろし） ··· 小さじ1
 ├ みりん ·············· 大さじ1
 └ しょうゆ ·············· 小さじ2

作り方

1 玉ねぎを切る
玉ねぎはくし形切りにする。

2 豚肉を広げて点火→玉ねぎを重ねる
フライパンに油をひき、豚肉を広げて入れる。弱めの中火にかけ、玉ねぎをのせる。

3 Aを加えて炒める
肉にほぼ火が通ったら全体に混ぜ、Aを加えて汁気がなくなるまで炒める。

調味料に＋1で味変

＼スパイシーでごはんが進む／
カレー味

材料と作り方 (1人分)

上記Aにカレー粉少々を加える。作り方は上記と同じ。

ほかのおかず
▶えのきとチンゲン菜のベーコン巻き（→p94）
▶にんじんのイタリアンドレッシングあえ

＼洋風のしょうが焼きにさま変わり！／
ケチャップ味

材料と作り方 (1人分)

上記Aにトマトケチャップ小さじ2を加える。作り方は上記と同じ。

ほかのおかず
▶ズッキーニのソテー（→p112）　▶ゆで卵

＼香り豊かな一品に／
すりごま風味

材料と作り方 (1人分)

上記Aに白すりごま小さじ2を加える。作り方は上記と同じ。

ほかのおかず
▶パプリカの卵炒め　▶ゆで小松菜

しょうが焼きに合わせる野菜をチェンジ

しょうが焼きは野菜といっしょに炒めるとかさが増してボリュームが出ますし、
お弁当に彩りも添えてくれます。合わせる野菜に迷ったら、このページをヒントにしてください。

＼ピーマンがシャキシャキ！／
緑・赤ピーマン

（材料と作り方）（1人分）

1 ピーマン、赤ピーマン各¼個は細切りにする。

2 フライパンに油をひき、豚肉を広げて入れる。弱めの中火にかけ、1をのせる。肉にほぼ火が通ったら全体に混ぜ、Aを加えて汁気がなくなるまで炒める。

ほかのおかず
▶きゅうりのごまポン酢あえ（→p104） ▶ゆで卵

＼鮮やかな赤色が彩りに／
長ねぎ＋赤ピーマン

（材料と作り方）（1人分）

長ねぎ¼本は斜め薄切りに、赤ピーマン¼個は細切りにし、「緑・赤ピーマン」の2と同様にする。

ほかのおかず
▶ほうれん草の昆布の佃煮あえ（→p123）
▶ズッキーニのソテー（→p112） ▶ゆで卵

＼かさが増えて食べごたえアップ！／
しめじ＋ピーマン

（材料と作り方）（1人分）

しめじ⅙パックはほぐし、ピーマン¼個は細切りにし、「緑・赤ピーマン」の2と同様にする。

ほかのおかず
▶ベーコン、しめじ、にんじん入りナポリタン ▶ゆで卵

＼豚の脂とよく合う／
なす

（材料と作り方）（1人分）

なす½個は斜め薄切りにし、「緑・赤ピーマン」の2と同様にする。

ほかのおかず
▶焼きがんもどき ▶塩もみきゅうり（→p104）

【チェンジの前に】 野菜以外の材料はすべて共通で、以下を用意してください。

豚こま切れ肉 ························ 70g
サラダ油 ·························· 少々
A[しょうが（すりおろし）小さじ1、
　みりん大さじ1、しょうゆ小さじ2]

＼ 玉ねぎの甘みをプラス ／
しめじ＋玉ねぎ

（材料と作り方）（1人分）

しめじ⅙パックはほぐし、玉ねぎ¼個はくし形切りにし、「緑・赤ピーマン」の2と同様にする。

ほかのおかず
▶のり卵焼き（→p50）　▶ゆでほうれん草　▶ミニトマト

＼ きのこのうまみでおいしさアップ！ ／
しいたけ＋玉ねぎ

（材料と作り方）（1人分）

しいたけ1個は軸を取って1cm幅に切り、玉ねぎ¼個は1cm幅に切り、「緑・赤ピーマン」の2と同様にする。

ほかのおかず
▶焼きさつま揚げ　▶ゆでアスパラ　▶ミニトマト

＼ 春におすすめの組み合わせ ／
アスパラ＋玉ねぎ

（材料と作り方）（1人分）

アスパラガス1本は1cm幅の斜め切り、玉ねぎ¼個は1cm幅に切り、「緑・赤ピーマン」の2と同様にする。

ほかのおかず
▶きゅうりとかにかまのマヨサラダ　▶ゆで卵

＼ 包丁いらずの手軽さ ／
もやし

（材料と作り方）（1人分）

もやし½カップ（軽くひとつかみ）を用意し、「緑・赤ピーマン」の2と同様にする。

ほかのおかず
▶チンゲン菜のナムル（→p111）　▶ミニトマト

鶏のから揚げ弁当

●下味はシンプルでアレンジしやすくし、衣は片栗粉だけをまぶして食べごたえを重視した
　レシピです。薄衣なので、アレンジや味変してもはがれにくいのも特長です。

●朝から揚げものをするのはハードルが高いので、夕食がから揚げのときに多めに作るのが
　おすすめです。私はたいてい3枚入りのパックを買い、すべて揚げてしまいます。

から揚げと
ベスト相性

ほかのおかず
▶ 卵サラダ（→p91）
▶ 塩もみきゅうり（→p104）
▶ ゆでスナップえんどう

鶏のから揚げ

材料（作りやすい分量）

鶏もも肉 ―――――――――――――― 1枚
A　しょうゆ ―――――――――― 大さじ1
　　ごま油 ―――――――――――― 大さじ½
片栗粉 ―――――――――――――― 大さじ5
揚げ油 ―――――――――――――――― 適量

作り方

1 鶏肉にAをからめる

鶏肉は食べやすい大きさに切る。Aをからめて下味をつける。

2 片栗粉をまぶす

1の汁気を軽くきり、片栗粉をまぶす。

3 170℃で揚げる

揚げ油を170℃に熱し、2をきつね色になるまで揚げる。

から揚げを使ってアレンジ

＼のっけ盛りで丼仕立てに／
卵とじ

材料と作り方（1人分）

1. フライパンにめんつゆ（2倍濃縮）大さじ1、水大さじ2を入れ、中火にかける。煮立ったらピーマン（乱切り）½個分、鶏のから揚げ（半分に切ったもの）3個分を加え、1分煮る。
2. 溶き卵1個分を回し入れ、ふたをして弱火で1分煮る。火を止め、余熱で完全に火を通す。

＼野菜と炒めて酢豚風に／
甘酢がらめ

材料と作り方（1人分）

1. じゃがいも¼個はくし形切りに、ピーマン½個、なす¼個は乱切りにし、素揚げする（鶏のから揚げを作るついでにいっしょに揚げておく）。
2. フライパンにトマトケチャップ大さじ1、ポン酢しょうゆ小さじ2、砂糖少々、片栗粉小さじ½を入れて弱火にかけ、混ぜながらとろみがつくまで加熱する。
3. 鶏のから揚げ4個、1を加えてからめる。

ほかのおかず

▶にんじんのごま塩昆布あえ　▶ゆで卵

から揚げをあえるだけで味変

夕食ついでに揚げたから揚げは、たいてい翌朝に別の調味料をからめてアレンジします。
そのほうがおいしいですし、新たな1品となって味の変化も楽しめます。

＼ 香りとコクがアップ！ ／
マヨごま油あえ

（材料と作り方）（1人分）

マヨネーズ小さじ2、ごま油小さじ½を混ぜ、から揚げ4個を加えてからめる。

ほかのおかず
▶塩もみなすのみょうがあえ（→p115）　▶ゆで卵

＼ スパイシーで食欲をそそる ／
マヨカレー粉あえ

（材料と作り方）（1人分）

マヨネーズ小さじ2、カレー粉小さじ½を混ぜ、から揚げ4個を加えてからめる。

ほかのおかず
▶小松菜とキャベツのソテー　▶きゅうりの赤じそふりかけあえ

＼ 甘味のあるクリーミーな味に ／
ごまドレッシングあえ

（材料と作り方）（1人分）

から揚げ4個にごまドレッシング（市販品）大さじ1をからめる。

ほかのおかず
▶卵サラダ（→p91）　▶キャベツとちくわのポン酢あえ
▶ミニトマト

＼ こってり味がクセになる ／
焼き肉のたれあえ

（材料と作り方）（作りやすい分量）

鶏もも肉1枚をp17の作り方1で切らずに1枚のまま揚げ、食べやすく切る。フライパンに焼き肉のたれ大さじ1を入れて中火で熱し、から揚げを加えてからめる。

ほかのおかず
▶ピーマンとしめじのソテー（→p118）

味変の前に から揚げを耐熱ボウルに入れ、ラップをせずに1分ほど電子レンジで加熱します。
調味料は、から揚げが温かいうちにからめてください。

＼ 甘酸っぱい味に簡単チェンジ ／
ケチャップあえ

（材料と作り方）（1人分）

から揚げ4個にトマトケチャップ大さじ1をからめる。

ほかのおかず
▶ピーマンの卵炒め　▶かぼちゃの煮もの

＼ こってりコクうま味 ／
めんつゆマヨあえ

（材料と作り方）（1人分）

マヨネーズ小さじ2、めんつゆ（2倍濃縮）小さじ1を混ぜ、
から揚げ4個を加えてからめる。

ほかのおかず
▶にんじんとたけのこの煮もの
▶いんげんのコールスロードレッシングあえ（→p110）　▶ミニトマト

＼ コクのある中国風の味つけ ／
オイスターソースごま油あえ

（材料と作り方）（1人分）

オイスターソース、ごま油各小さじ1を混ぜ、から揚げ
4個を加えてからめる。

ほかのおかず
▶アスパラ入り卵サラダ（→p91）
▶ピーマンとエリンギのソテー（→p118）　▶ミニトマト

＼ 甘くて辛いクセになる味 ／
チリソースあえ

（材料と作り方）（1人分）

から揚げ5個にスイートチリソース（市販品）大さじ1を
からめる。

ほかのおかず
▶にんじんのきんぴら（→p116）　▶塩もみきゅうり（→p104）

肉巻き弁当

● フライパンで焼くのが一般的ですが、私は電子レンジで加熱します。
　加熱ムラが防げますし、実は時短にもなります。

● 巻く食材や味つけを変えやすく、頻度が高くても飽きない便利なおかずです。
　巻く食材はあるものでOK（→p22〜23）。野菜は生のまま巻いていいので、手間が省けます。

七味マヨを
添えて

ほかのおかず
▶ ゆで卵
▶ ゆでブロッコリー
▶ ミニトマト

レンチン

肉巻き

材料 (1人分)

豚ロース薄切り肉 ………………… 4枚
さやいんげん ……………………… 2本
パプリカ(赤) …………………… ⅙個
甘辛だれ
　砂糖、しょうゆ …… 各小さじ1
　酒 …………………………… 小さじ2

作り方

1 いんげんとパプリカを切る

いんげんは半分の長さに切る。パプリカは1㎝幅に切る。

2 豚肉に野菜を巻く

豚肉2枚を縦長に少し重ねて広げ、手前に**1**の半量をのせ、きつく巻く。同様にしてもう1本作る。

3 1分30秒～2分レンチン

耐熱容器に並べ、ラップをかけて電子レンジで1分30秒～2分加熱する(肉の色が変わり、野菜がしんなりしていたらOK)。

4 味つけをする

フライパンに**3**、甘辛だれの材料を入れ、弱めの中火でからめる。

※ここでは甘辛味を紹介しましたが、**3**のあとは好みの味つけに(下記参照)。

からめる調味料を変えて 味変

＼少々のしょうゆで味を引き締めて／
ケチャップだれ

材料と作り方 (1人分)

上記の作り方**1**～**3**と同様にする(ここでは、かぼちゃの肉巻き)。トマトケチャップ大さじ1、しょうゆ少々をからめる。

ほかのおかず
▶キャベツの卵炒め(→p101)
▶きゅうりのツナマヨあえ

＼コクのあるこってり味／
オイスターマヨだれ

材料と作り方 (1人分)

上記の作り方**1**～**3**と同様にする(ここでは、ピーマンの肉巻き)。オイスターソース小さじ1、マヨネーズ小さじ2をからめる。

ほかのおかず
▶鶏のから揚げ(→p17)
▶チンゲン菜のソテー　▶かに風味かまぼこ
▶ミニトマト

＼肉巻きにも合う人気の味つけ／
しょうが焼き風味だれ

材料と作り方 (1人分)

上記の作り方**1**～**3**と同様にする(ここでは、チンゲン菜の肉巻き)。フライパンに入れ、しょうが(すりおろし)少々、みりん大さじ1、しょうゆ小さじ2を加え、弱めの中火でからめる。

ほかのおかず
▶さつまいもの甘煮　▶ピーマンのソテー
▶ゆで卵　▶ミニトマト

肉巻きの巻く食材を チェンジ

巻く食材を変えると、バリエーションが無限大に広がります。2〜3種を組み合わせて巻くのもいいですし、
2本のうち1本ずつ違う食材を巻いてもOKです。自由に巻きましょう！

＼ シャキっとした食感が◎ ／
えのきたけ

えのきたけを巻いた豚肉に塩、こしょう各少々をふって
から電子レンジで加熱し、フライパンで焼いて焼き目を
つける。

ほかのおかず
▶ソーセージのソテー　▶オクラとエリンギのソテー　▶ゆで卵

＼ 断面がきれいでお弁当向き ／
アスパラガス

電子レンジで加熱したあと、甘辛だれ（→p21）で味つけ
をする。

ほかのおかず
▶厚揚げ、しいたけ、にんじんの煮もの　▶ゆで卵

＼ 濃いめの味つけが相性よし ／
なす

電子レンジで加熱したあと、オイスターソース適量をか
らめる。

ほかのおかず
▶フライドポテト　▶パプリカのソテー　▶ゆでほうれん草

＼ さやがやわらかで肉となじむ ／
モロッコいんげん

モロッコいんげんを巻いた豚肉に塩、こしょう各少々を
ふってから、電子レンジで加熱する。

ほかのおかず
▶卵焼き（→p49）　▶スパムのソテー　▶ミニトマト

チェンジの前に 作り方はp21の**1〜3**と同じですが、巻くときにそれぞれ好みの食材に変えてください。ただし、味つけが塩、こしょうのときは、作り方**2**で巻いたあと、肉に塩、こしょう各少々をふります。

＼ ボリュームがほしいときに ／

ソーセージ＆ズッキーニ

電子レンジで加熱したあと、しょうが焼き風味だれ（→p21）で味つけをする。

ほかのおかず
▶卵焼き（→p49） ▶レンチンたらこ

＼ 赤色を入れると見栄えアップ！ ／

緑・赤ピーマン

電子レンジで加熱したあと、甘辛だれ（→p21）で味つけをする。

ほかのおかず
▶ほうれん草の卵炒め ▶にんじんとさといもの煮もの

＼ 青菜もそのまま巻いてOK！ ／

小松菜

電子レンジで加熱したあと、しょうが焼き風味だれ（→p21）で味つけ。ほうれん草やチンゲン菜でもOK。

ほかのおかず
▶まいたけの卵とじ ▶ししとうの素焼き ▶ミニトマト

＼ ヘルシーにボリュームアップ！ ／

厚揚げ

電子レンジで加熱したあと、しょうが焼き風味だれ（→p21）で味つけをする。豆腐でもいいが、水きりの必要がない厚揚げのほうが手間なし。

ほかのおかず
▶じゃがいもとソーセージのカレー炒め
▶ピーマンとちくわのドレッシングあえ

肉そぼろ弁当

● 電子レンジで作ると肉のうまみが凝縮し、味もしっかりしみ込みます。

● 酒や油は加えず、しょうゆと砂糖だけで仕上げます。いろいろな味を試してきましたが、
　このシンプルな味つけがアレンジもしやすく、一番使い勝手がいいです。

● 肉の種類は豚ひき肉、牛ひき肉、鶏ひき肉、合いびき肉など、好みのものでかまいません。

ほうれん草も
おすすめ

ほかのおかず
▶ いり卵
▶ 小松菜のナムル（→ p107）

肉そぼろ

材料（作りやすい分量）

好みのひき肉	………	300g
A しょうゆ	………	大さじ4
砂糖	………	大さじ3

作り方

1 ひき肉とAを混ぜ、3分レンチン

耐熱ボウルにひき肉、Aを入れてよく混ぜる。ラップをかけて電子レンジで3分加熱する。

2 混ぜて2分レンチン

スプーンの背で、かたまっているところをほぐしながらよく混ぜる。再びラップをかけて2分加熱する。

3 ラップなしで2分レンチン

2と同様にしてほぐす。ラップをかけずにさらに2分加熱する。汁気が全体になじむように混ぜ、あら熱をとる。

肉そぼろを使ってアレンジ

＼ 甘辛のそぼろと卵がマッチ ／
肉そぼろ卵焼き

材料と作り方（作りやすい分量）

1 ボウルに卵2個を割り入れてほぐし、鶏そぼろ大さじ2、みりん小さじ2を加えて混ぜる。
2 p49の作り方2〜5と同様にする。

ほかのおかず
▶きんぴらごぼう　▶チキンナゲット

＼ 甘さとしょっぱさが好バランス ／
そぼろ入りかぼちゃの茶巾

材料と作り方（1人分）

1 耐熱容器に、かぼちゃ（2cm角）4個、めんつゆ（2倍濃縮）、水各小さじ2を入れ、ラップをかけて電子レンジで3分加熱し、そのまま2分蒸らす。
2 フォークでつぶし、合いびき肉そぼろ大さじ1（ひき肉の種類は好みでよい）を加えて混ぜる。
3 ラップで包んで丸くととのえ、きゅっとひねって茶巾絞りにする。

ほかのおかず
▶きゅうりとかにかまのポン酢あえ（→p104）　▶焼きさつま揚げ
▶ソーセージのソテー

肉そぼろの詰め方バリエーション

マンネリになりがちなそぼろの詰め方をご紹介。配置を変えるだけでも変化がつきますし、
合わせる食材を変えるとさらにバリエーションが広がります。

肉そぼろをメインにして詰めたお弁当。3色弁当は、
たいてい肉そぼろ以外の2つも細かい形状にします
が、こんなふうに形のあるおかずを組み合わせるの
もおすすめです。

ほかのおかず
▶卵焼き（→p49）　▶チンゲン菜の素焼き（→p111）
▶にんじんのきんぴら（→p116）

肉そぼろといり卵が主役の盛りつけ。3色弁当は赤
色がないので、かぶの漬けものを添えて補いました。
しば漬けや大根のさくら漬け、紅しょうがをのせる
こともあります。

ほかのおかず
▶いり卵　▶ゆでさやえんどう

肉そぼろといり卵はたいてい入れますが、もう1色
は冷蔵庫事情で変えることもあります。もうひとつ
の食材も肉そぼろと同じような形状にすると、食べ
るときにほかの2つとなじみやすいです。

ほかのおかず
▶いり卵　▶しいたけのめんつゆ炒め　▶ゆで菜の花

肉そぼろといり卵で2色弁当にし、おかずを1品プ
ラス。3色をそろえることにこだわりすぎず、こん
なふうに詰めるのもおすすめです。

ほかのおかず
▶いり卵　▶アスパラのベーコン巻き（→p106）　▶ミニトマト

黄色と緑色のスペースを縦半分にして盛りつけ。の
せているものは右のお弁当と同じなのに、これだけ
で変化がつきます。

ほかのおかず

▶いり卵　▶ほうれん草のナムル

肉そぼろの隣をいり卵にすると、色のバランスがよ
く盛りつけられます。肉そぼろの下に焼きのりをち
ぎって敷き、のりの風味を加えるのもおいしいです。

ほかのおかず

▶いり卵　▶ほうれん草のナムル

肉そぼろをごはんにドーンとのせて、あとはおかず
を少しずつ。肉そぼろが少ししかないときにもおす
すめの詰め方です。

ほかのおかず

▶のり卵焼き（→p50）　▶さつま揚げと高野豆腐の煮もの
▶かぼちゃのきんぴら　▶ゆでブロッコリー

3色にせず、1色分のスペースにはおかずを普段通
りに詰めました。おかずを作る余裕があるときは、
こんなふうに詰めると豪華な仕上がりになります。

ほかのおかず

▶いり卵　▶コロッケ　▶ほうれん草ともやしのナムル

ハンバーグ弁当

●手のかかるハンバーグは、夕食のついでに作るのがおすすめ。冷凍できるので、
　多めに成形して焼くところまで済ませ、使わない分は冷凍を。p56のアイデアも参考にしてください。

●肉だねは、冷めてもかたくならないようにパン粉を多く入れてやわらかくするのが私流。
　とくに冬は牛乳の量を2割ほど増やし（パン粉の量はそのまま）、さらにやわらかくします。

ハンバーグには
この2つが定番

ほかのおかず
▶ 卵サラダ（→p91）
▶ ほうれん草としめじのソテー

ハンバーグ

材料 （作りやすい分量）

合いびき肉 ———————————— 500g
パン粉、牛乳 ———————————— 各1カップ
A ｜ 玉ねぎ（みじん切り） ———————— ½個分
　 ｜ サラダ油 ———————————— 小さじ1
塩、こしょう ———————————— 各少々
卵 ———————————————— 1個
サラダ油 ———————————— 少々

保存したハンバーグの使い方

前日に冷凍庫から冷蔵庫へ移して
解凍しておく

≫

翌日、耐熱容器に入れてトマトケチャップ、
中濃ソースの順に同量ずつかける

≫

ラップをかけて電子レンジで1分加熱する

作り方

1 パン粉と牛乳を合わせる

パン粉に牛乳を加えてしめらせておく。

2 玉ねぎを2分レンチン

耐熱容器にAを入れて混ぜ、ラップをかけて電子レンジで2分加熱し、あら熱をとる。

3 ひき肉を練る

ボウルにひき肉を入れて塩、こしょうをふり、卵を割り入れて練る。1、2を加え、さらに練る。8等分にし、小判形にととのえる。

4 焼く

フライパンに油をひいて中火で熱し、3を並べ入れ、焼き色がつくまで焼く。返してふたをして弱火にし、竹串を刺して透明な肉汁が出るまで焼く。

ハンバーグの組み合わせおかず例

ハンバーグとポテトフライはテッパンの組み合わせ。じゃがいもは、前日の夕食ついでに揚げておきます。

ほかのおかず
▶ポテトフライ　▶ズッキーニのソテー（→p112）
▶キャベツのポン酢おかかあえ（→p101）

卵サラダはタルタルソースとしてハンバーグにつけて食べるとおいしいので、おすすめのサブおかずです。

ほかのおかず
▶きゅうり入り卵サラダ（→p91）
▶ゆでほうれん草　▶ミニトマト

ケチャップソースはマヨネーズ味とよく合うので、マヨネーズ味のおかずを詰めることが多いです。

ほかのおかず
▶ツナサラダ
▶チンゲン菜としめじのナムル（→p111）

しょうゆ鶏弁当

● 鶏もも肉をしょうゆに漬けるだけですが、味がぐっと深まり、驚くほどおいしくなります。
　加熱は電子レンジを使うから楽ですし、焼き焦げる心配がなく、時短にもなります。
● 鶏もも肉は大容量パックを買い、そのうちの1枚をしょうゆ鶏にしておくと便利です。
　ひと晩〜1日で十分味がしみますが、2日くらいならおいても大丈夫です。

やさしい
甘みで
箸休めに

ほかのおかず
▶ れんこんとまいたけのきんぴら
▶ かぼちゃの煮もの

30

レンチン **漬けおき** **保存OK** 冷蔵2日

しょうゆ鶏

材料 （作りやすい分量・2人分）

鶏もも肉 ……………………… 1枚
しょうゆ ……………………… 大さじ2

作り方

1 鶏肉にしょうゆを加える

鶏肉は半分に切って保存袋に入れ、しょうゆを加えて全体になじませる。

2 冷蔵庫で漬ける

保存袋の空気を抜いて口を閉じ、冷蔵庫に平らにして入れ、ひと晩～1日漬ける。

3 3分 → 返して2分レンチン

耐熱容器に **2** の半量を皮目を下にして入れ、ラップをかけて電子レンジで3分加熱する。返してさらに2分加熱する。残りも同様にする。

しょうゆに＋1で味変

＼ 香ばしさをプラス ／
＋ごま油

材料と作り方 （1人分）

上記にごま油大さじ1を加える。作り方は上記と同じ。

ほかのおかず
▶ピーマンのベーコン巻き（→p94）
▶キャベツのナムル（→p100）

＼ すっきり感のある仕上がり ／
＋ポン酢しょうゆ

材料と作り方 （1人分）

上記のしょうゆを大さじ1に減らし、ポン酢しょうゆ大さじ1を加える。作り方は上記と同じ。

ほかのおかず
▶卵焼き（→p49）
▶いんげんのごまあえ（→p110） ▶ミニトマト

＼ 濃厚さがアップ ／
＋焼き肉のたれ

材料と作り方 （1人分）

上記のしょうゆを大さじ1に減らし、焼肉のたれ大さじ1を加える。作り方は上記と同じ。

ほかのおかず
▶卵サラダ（→p91）
▶ピーマンとパプリカのベーコン巻き（→p94）

31

レンチンしたしょうゆ鶏をアレンジ

味に変化をつけたいときのほか、鶏肉の量が少ないときや
ボリュームを出したいときにも便利なアイデア集です。

\ 中国風の1品にさま変わり /
オイスターソース炒め

（材料と作り方）（1人分）

1 フライパンにごま油少々を中火で熱し、玉ねぎ（5mm
幅に切る）1/10個分、ピーマン（細切り）1/2個分を炒める。

2 しょうゆ鶏（食べやすく切る）1/2枚分、オイスターソ
ース小さじ1を加えて炒め合わせる。

ほかのおかず
▶ベーコン卵焼き（→p50）　▶ゆでアスパラ　▶ミニトマト

\ 親子丼風のおかず /
卵とじ

（材料と作り方）（1人分）

1 フライパンにめんつゆ（2倍濃縮）、水各大さじ2、し
ょうゆ鶏（ひと口大に切る）1/2枚分、玉ねぎ（薄切り）
1/2個分を入れ、中火にかける。

2 玉ねぎが透き通ったら溶き卵1個分を回し入れ、ふ
たをして弱火で1分煮る。火を止め、余熱で完全に
火を通す。

ほかのおかず
▶小松菜と油揚げの煮もの

\ 焼いて香ばしさをプラス /
ねぎのせ

（材料と作り方）（1人分）

しょうゆ鶏1/2枚をグリルで焼き色がつくまで焼く。食べ
やすく切り、長ねぎ（斜め薄切り）少々を散らす。

ほかのおかず
▶にんじんのきんぴら（→p116）　▶しめじとオクラのポン酢あえ

\ シャキシャキ食感をプラス /
もやし炒め

（材料と作り方）（1人分）

フライパンにごま油少々を中火で熱し、しょうゆ鶏（食
べやすく切る）1/2枚分、もやし1/2カップ（軽くひとつかみ）
を入れて炒める。

ほかのおかず
▶卵焼き（→p49）　▶ピーマンとしめじのポン酢あえ

アレンジの前に しょうゆ鶏はp31と同様にして電子レンジ加熱したものを使います。
加熱したしょうゆ鶏は冷蔵庫で3日ほど保存ができます。

＼野菜でボリュームアップ／
キャベツ炒め

材料と作り方 (1人分)

フライパンにごま油少々を中火で熱し、しょうゆ鶏(食べやすく切る)½枚分、キャベツ(ざく切り)½枚分を入れて炒める。

ほかのおかず
▶ソーセージのソテー　▶いんげんのごまあえ (→p110)

＼調味料なしで炒めるだけ／
ブロッコリー＆ミニトマト炒め

材料と作り方 (1人分)

フライパンにサラダ油少々を中火で熱し、しょうゆ鶏(食べやすく切る)½枚分、ブロッコリー(レンチンしたもの)4房、ミニトマト2個を入れ、鶏肉に焼き色がつくまで炒める。

ほかのおかず
▶スクランブルエッグ

＼磯の風味がベストマッチ！／
のり巻き

材料と作り方 (1人分)

しょうゆ鶏(食べやすく切る)½枚分に、焼きのり適量を巻く。

ほかのおかず
▶ピーマンの卵炒め　▶塩もみきゅうりのみょうがあえ (→p104)

＼辛みが味のアクセント／
七味がけ

材料と作り方 (1人分)

しょうゆ鶏(食べやすく切る)½枚分に七味唐辛子少々をふる。

ほかのおかず
▶チンゲン菜の卵炒め (→p111)　▶かにかまと水菜のマヨネーズあえ

牛煮弁当

● 電子レンジだけで作れるから、朝に作っても負担にならない手軽なレシピです。

● 調味料はしょうゆと砂糖だけ。水分量を最小限にし、電子レンジで加熱をすることで、
　短時間で味をしみ込ませることができます。しっかり味に仕上がり、味がぼけません。

● 保存ができるので、多めに作るのもおすすめです。

マヨネーズは
ゆで卵に
つけても

ほかのおかず
▶ ゆで卵
▶ ゆでブロッコリー

牛煮

材料 （作りやすい分量）

牛切り落とし肉	300g
長ねぎ	¼本
しょうゆ	大さじ3½
砂糖	大さじ3

作り方

1 牛肉、長ねぎを切る

牛肉は食べやすい大きさに切る。長ねぎは斜め薄切りにする。

2 5分レンチン

耐熱容器に1、しょうゆ、砂糖を入れてよく混ぜ、ラップをかけて電子レンジで5分加熱する。

3 混ぜて3分レンチン

菜箸でほぐし、再びラップをかけて3分加熱する。

4 ラップなしで2分レンチン

ラップをかけずにさらに2分加熱し、あら熱をとる。

合わせる野菜をチェンジ

\ とろっと甘い /
玉ねぎ

材料と作り方 （1人分）

玉ねぎ½個は横に5mm幅に切り、上記2〜4と同様にする。玉ねぎは横に切ると、とろりとやわらかくなり、肉となじみやすい。食感を残したいときは縦に切るとよい。

ほかのおかず
▶キャベツとうず巻きビーツのソテー
▶ゆで卵

\ たっぷりの野菜でかさ増し /
玉ねぎ＋にんじん＋しめじ

材料と作り方 （1人分）

玉ねぎ½個はくし形切り、にんじん¼本は短冊切り、しめじ⅓パックはほぐし、上記2〜4と同様にする。

ほかのおかず
▶ゆでスナップえんどう

牛煮を使ってアレンジ

\ 趣向の違う1品に大変身！ /
卵とじ

材料と作り方 （1人分）

フライパンに牛煮40g、水大さじ1を入れ、中火にかけて温める。溶き卵1個分を回し入れ、ふたをして弱火で1分煮る。火を止め、余熱で完全に火を通す。

ほかのおかず
▶ゆで小松菜

とんかつ弁当

● 夕食がとんかつのときは、翌日のお弁当分も揚げてしまいます。

夕食のついでに用意する流れができると、お弁当作りがぐんと楽になります。

● 前日に揚げたとんかつは、ソースをからめてソースかつにするのが我が家の定番。

ポイントはソースをためらわずにたっぷりつけること。味がしみて冷めてもおいしいです。

味の濃い
おかずに合う
シンプルおかず

ほかのおかず
▶ **小松菜としめじのナムル**
（→p107）

夕食ついでに作る

とんかつ

材料（1人分）

豚ロース肉（とんかつ用） ············ 1枚
塩、こしょう ·························· 各少々
薄力粉、溶き卵、パン粉 ······· 各適量
揚げ油 ································ 適量

ソースかつの作り方

> とんかつが入る大きさの平皿に
> ソースをたっぷり入れる

⋁

> 両面にソースをまんべんなくつける

⋁

> 食べやすい大きさに切る

作り方

1 豚肉の筋を切る

豚肉は赤身と脂身の境目に包丁を入れて筋を切り、塩、こしょうをふる。

2 衣をつける

薄力粉をまぶし、溶き卵にくぐらせ、パン粉をつける。

3 170℃で揚げる

揚げ油を170℃に熱し、2をきつね色になるまで揚げる。

揚げる肉をチェンジ

\ やわらかジューシー！ /
チキンかつ

材料と作り方（1人分）

1 鶏もも肉½枚は厚みのあるところに包丁を入れて切り開き、薄力粉、溶き卵、パン粉各適量を順につけ、170℃に熱した揚げ油で揚げる。
2 上記のソースかつの作り方と同様にしてソースをつける。

ほかのおかず
▶卵サラダ（→p91） ▶キャベツとパプリカのポン酢あえ

\ 梅マヨで和風テイストに /
ささみフライ

材料と作り方（1人分）

1 鶏ささみ1本に薄力粉、溶き卵、パン粉各適量を順につけ、170℃に熱した揚げ油で揚げる。
2 食べやすく切り、マヨネーズ、梅干し（たたいたもの）各少々をのせる。

ほかのおかず
▶ピーマンの卵炒め ▶きんぴらごぼう

揚げものは、
夕食のおかずついでにするのが私流

朝から揚げものをするのはとても大変なので、朝に揚げることはありません。
ではどうしているかというと、
夕食が揚げもののときに、お弁当の分も揚げて、取り分けておきます。
多めに揚げて冷凍することもあります。
わざわざ作る時間を設けるのではなく、「ついでに」がポイントです。

翌日は、そのまま温め直して詰めることもありますが、
たいていは、卵でとじたり、味をからめたりと、ひと手間加えます。
こうすると、揚げたてとは別のおいしさが楽しめます。

多めに揚げておくおすすめのもの

から揚げ

お弁当には

味をからめる

卵でとじる

※作り方はp17〜19

とんかつ
チキンかつ
ささみフライ

お弁当には

ソースをからめる

卵でとじる

※作り方はp37、p57

天ぷら

お弁当には ⟶

天丼にする

※作り方はp61

えびのから揚げ

えびは殻つきのまま塩、
こしょうをふり、片栗粉
をつけて揚げる。

お弁当には ⟶

オーロラソースをからめる

トマトケチャップ、マヨネー
ズを同量ずつ混ぜてソースを
作り、えびにからめる。

せっかく揚げ油を用意したのだから、
お弁当に入れられそうな食材をついでに揚げておくのもおすすめです。
メインにはなりにくい食材も、衣をつけて揚げると主役級のおかずになります。
こうした「明日のための保険おかず」があると、朝がグンと楽になります。

ついでに揚げておくおすすめのもの

シュウマイ

素揚げする

ウインナソーセージ

パン粉の衣をつけて揚げる

ししゃも

パン粉の衣をつけて揚げる

じゃがいも、さつまいも、かぼちゃ

素揚げする

アレンジするのも
おすすめ！

マヨネーズであえる

豚肉のみそ漬け弁当

● わざわざ仕込むというよりも、大容量パックを買って、1枚あまったときに作っておくことが多いです。
　保存がきくので、仕込んでおくと重宝します。
● 焦げやすいので、弱火でじっくり焼きましょう。
● みそ以外の調味料に漬けるのもおすすめです（→p42〜43）。

漬けもの
代わりに

ほかのおかず
▶ コーン入りいり卵
▶ 塩もみなすの
　みょうがあえ（→p115）

豚肉のみそ漬け

材料（1人分）

豚ロース肉（とんかつ用） ・・・・・・・・・・・ 1枚
A｜みそ ・・・・・・・・・・・・・・・・・・・・・・・・ 小さじ2
　｜みりん ・・・・・・・・・・・・・・・・・・・・・・ 大さじ1

作り方

1 豚肉にみそだれをぬる

Aは混ぜ合わせ、豚肉の両面にぬる。

2 冷蔵庫で漬ける

1を保存袋に入れ、冷蔵庫でひと晩〜3日漬ける。

3 グリルで焼く

みそを軽くふき取り、グリルの網にのせ、弱火で両面を6〜7分かけて焼く。途中で焦げるようならば、アルミ箔をかぶせる。

豚肉のみそ漬けを使って アレンジ

漬ける食材をチェンジ

＼ 焼くのとは違うおいしさ ／
みそ漬けから揚げ

材料と作り方（1人分）

みそ漬けにした豚ロース肉1枚に片栗粉適量をまぶし、170℃に熱した揚げ油で揚げる。

ほかのおかず
▶キャベツの卵炒め（→p101）
▶にんじんのポン酢あえ

＼ 骨がないから食べやすい ／
かじき

材料と作り方（1人分）

かじき（切り身）1切れを上記と同様にする。半分に切り、青じそ2枚で包む。

ほかのおかず
▶ベーコンとピーマン、黄パプリカのソテー
▶マカロニ入り卵サラダ（→p91）

＼ みそと相性バツグン！ ／
鮭

材料と作り方（1人分）

生鮭（切り身）1切れを上記と同様にする。

ほかのおかず
▶がんもどき、にんじん、いんげん、しめじの即席煮もの（→p92）　▶卵サラダ（→p91）
▶ミニトマト

漬ける調味料を**チェンジ**

肉や魚のみそ漬けは定番ですが、市販のたれやドレッシングを「漬けだれ」にするのもおすすめです。
複数の調味料を合わせなくて済むので、手間も省けます。

\ドレッシングの新活用法！/
鶏肉のドレッシング漬け

（材料と作り方）（1人分）

1 鶏もも肉½枚はひと口大に切り、保存袋に入れる。オニオンドレッシング（市販品）大さじ2を加えてなじませ、冷蔵庫でひと晩〜3日漬ける。

2 p41の作り方3と同様にして焼く。

ほかのおかず
▶ほうれん草とハムのソテー（→p123）　▶さつまいものマヨあえサラダ

\しょうゆを足すのがポイント/
牛肉のドレッシング＋しょうゆ漬け

（材料と作り方）（1人分）

1 保存袋に牛もも肉（ステーキ用）1枚、和風ドレッシング（市販品）大さじ2、しょうゆ小さじ1を入れてなじませ、冷蔵庫でひと晩〜2日漬ける。

2 p41の作り方3と同様にして焼く。

ほかのおかず
▶ハム入り卵サラダ（→p91）　▶ゆでブロッコリー

\奥深い味が簡単に作れる！/
かじきの焼き肉のたれ漬け

（材料と作り方）（1人分）

1 保存袋にかじき（切り身）1切れ、焼き肉のたれ大さじ1を入れてなじませ、冷蔵庫でひと晩〜2日漬ける。

2 p41の作り方3と同様にして焼く。

ほかのおかず
▶小松菜とソーセージのソテー（→p107）　▶スクランブルエッグ
▶ミニトマト

\漬けるだけでOKのがっつりおかず/
豚肉の焼き肉のたれ漬け

（材料と作り方）（1人分）

1 保存袋に豚ロース肉（とんかつ用）1枚、焼き肉のたれ大さじ1を入れてなじませ、冷蔵庫でひと晩〜3日漬ける。

2 p41の作り方3と同様にして焼く。

ほかのおかず
▶きのこのめんつゆ炒め（→p103）　▶ゆで卵　▶ゆで小松菜

チェンジの前に

● 「ドレッシング漬け」に使うドレッシングは好みのものでかまいませんが、
オニオンドレッシングや和風ドレッシングなど、比較的さらりとしたものがよく、
コールスロードレッシングやごまドレッシングのような粘度のあるものは向きません。
● 「塩麹＋ポン酢漬け」は、塩麹だけでもかまいませんが、早く漬けたいときは
ポン酢しょうゆを足すと味がしっかり入るのでおすすめです。

＼ 薄切り肉も漬けられる! ／

豚肉のドレッシング＋しょうゆ漬け

材料と作り方 (1人分)

1 保存袋に豚薄切り肉（しゃぶしゃぶ用）4〜5枚、和風
ドレッシング（市販品）大さじ1、しょうゆ小さじ1
を入れてなじませ、冷蔵庫でひと晩〜2日漬ける。

2 フライパンにサラダ油少々を中火で熱して1を入れ、
汁気がなくなるまで炒める。

ほかのおかず

▶卵焼き（→p49）　▶ゆでブロッコリー

＼ みりんでのばすだけの簡単漬け床 ／

鮭の酒かす漬け

材料と作り方 (1人分)

1 酒かす、みりん各大さじ2を混ぜ合わせ、生鮭（切
り身）、または塩鮭（甘塩・切り身）1切れの両面にぬる。
保存袋に入れ、冷蔵庫でひと晩〜3日漬ける。

2 p41の作り方3と同様にして焼く。

ほかのおかず

▶卵焼き（→p49）　▶ほうれん草の梅めんつゆあえ

＼ うまみの効果で深みのある味に ／

鮭の塩麹＋ポン酢漬け

材料と作り方 (1人分)

1 保存袋に生鮭（切り身）1切れ、塩麹、ポン酢しょう
ゆ各大さじ1を入れてなじませ、冷蔵庫でひと晩〜
2日漬ける。

2 p41の作り方3と同様にして焼く。

ほかのおかず

▶ゆで卵　▶ゆでブロッコリー　▶ミニトマト

＼ しっとりやわらか! ／

かじきの塩麹＋ポン酢漬け

材料と作り方 (1人分)

1 保存袋にかじき（切り身）1切れ、塩麹、ポン酢しょ
うゆ各大さじ1を入れてなじませ、冷蔵庫でひと晩
〜2日漬ける。

2 p41の作り方3と同様にして焼く。

ほかのおかず

▶のり卵焼き（→p50）　▶ピーマンのおかかあえ　▶ミニトマト

焼き肉弁当

● しっかり味でごはんによく合い、市販の焼き肉のたれをからめるだけなので調味も楽。
　メニューに困ったときのおかずにおすすめです。

● 肉だけを焼くことは少なく、たいてい野菜をいっしょに炒めます。野菜の量が多くなるほど
　炒めもの感が強まります。合わせる野菜はあるものでOKです（→右ページ参照）。

さっぱり
おかずで味の
バランスを

ほかのおかず
▶ なすとみょうがのポン酢あえ
▶ ゆでブロッコリー

焼き肉

材料（1人分）

牛カルビ肉（焼き肉用）	5〜6枚
パプリカ（赤）	⅛個
焼き肉のたれ	大さじ1〜1½
サラダ油	少々

作り方

1 パプリカを切る
パプリカは細切りにする。

2 牛肉→パプリカの順に焼く
フライパンに油をひいて牛肉を広げ入れ、中火にかけて両面を焼く。肉の色が変わったらパプリカを加えて炒める。

3 焼き肉のたれをからめる
焼き肉のたれを加え、全体にからむまで炒める。

合わせる野菜を **チェンジ**

＼大きめに切ると見栄えアップ／
なす＋ピーマン

材料と作り方（1人分）

なす¼個は8mm幅の斜め切りに、ピーマン½個は乱切りにし、上記**2〜3**と同様にする。

ほかのおかず
▶ミニトマトときゅうりのツナマヨサラダ
▶ゆで卵

＼輪切りにして存在感を出して／
玉ねぎ

材料と作り方（1人分）

玉ねぎ¼個は1cm幅の輪切りにし、上記**2〜3**と同様にする。玉ねぎを炒めるときに、しっかり焼き色をつけるのがポイント。

ほかのおかず
▶ミニトマトとブロッコリーのツナマヨサラダ
▶ゆで卵

＼焼き肉の定番野菜2種／
ピーマン＋玉ねぎ

材料と作り方（1人分）

ピーマン1個は乱切り、玉ねぎ⅛個は横に1cm幅に切り、上記**2〜3**と同様にする。

ほかのおかず
▶ゆで小松菜　▶ミニトマト

鮭そぼろ弁当

● 市販の鮭フレークもありますが、切り身を焼いて自分でほぐすと、
　好みの大きさに変えられるのが利点です。
● ほぐし身をのせると食べやすく、ピンク色で仕上がりも華やか。
　肉そぼろと同じようにいろいろな詰め方ができます (→p26〜27)。

卵1個に
みりん小さじ1で
甘みをほんのり

ほかのおかず
▶ いり卵
▶ ほうれん草の
　おかか昆布あえ

鮭そぼろ

（材料）（1人分）

塩鮭（甘塩・切り身）……………… 1切れ

（作り方）

鮭を焼いてほぐす

グリルに鮭をのせ、焼く。あら熱が取れたら
皮と骨を取り除き、フォークで好みの大きさ
にほぐす。

鮭のほぐし方バリエーション

＼ 食べごたえを出したいときに ／
粗くほぐす

鮭のカマや、厚みのある切り身のと
きは、身が大きく取れるので、大き
くほぐすとよい。

ほかのおかず
▶卵焼き（→p49）
▶小松菜とベーコンのソテー

＼ ふりかけ感覚で使える ／
細かくほぐす

切り身が薄いときは細かくほぐすと
よい。写真のようにごはんの表面全
体にのせて3色弁当にするほか、ご
はんを食べ進めるためのトッピング
としても使える。

ほかのおかず
▶いり卵　▶小松菜のナムル（→p107）
▶アスパラとかぼちゃのマヨサラダ

＼ 風味と食感をプラス ／
粗ほぐし＋ごま

ごまをふると、香ばしさとプチプチ
とした食感が加わり、食べるときの
アクセントになる。

ほかのおかず
▶のり卵焼き（→p50）　▶焼きさつま揚げ
▶ピーマンのソテー

卵焼き弁当

● 卵焼きは登場回数ダントツ1位というほどよく作ります。その経験から生まれたレシピは、
　時間がたってもやわらかな自信作。卵1個ではふんわり感が出せないので、必ず2個使います。
● 卵液を数回に分けて流し入れて巻くのが一般的ですが、私は一気に入れて半熟状に火を通し、
　折りたたむように巻きます。これだと、冷めてもやわらかさが保てます。

十字の切り目
を入れると
開いて華やか

ほかのおかず
▶ ソーセージのソテー
▶ ほうれん草と桜えびのソテー
　（→p123）

卵焼き

材料 （作りやすい分量）

卵 ································· 2個

A
| みりん ··············· 小さじ2
| しょうゆ（またはめんつゆ）
| ······················· 少々

サラダ油 ······················ 少々

作り方

1 卵を溶いてAを混ぜる

ボウルに卵を割り入れてほぐし、Aを加えて混ぜる。

2 油を熱する

卵焼き器に油をひいて中火で熱し、菜箸で卵液少々をたらし、温度を確認する（ジュワッと音を立てて卵液がすぐにかたまればOK）。

3 卵液を流し入れて混ぜる

1を一気に流し入れ、菜箸で大きくかき混ぜ、半熟状になったら同じ厚みになるようにととのえる。弱火にし、そのまま八割ほど火が通るまで焼く。

4 奥から3回転する

奥¼を巻き、同じ幅であと2回巻く。

5 余熱で火を通す

巻き終わったら裏返して火を止め、余熱で火を通しながらあら熱をとる。

卵焼きの組み合わせおかず例

卵焼きはたんぱく質おかずですが、それだけではボリュームに欠けるので、ほかの2品にもたんぱく質食材を使って補いました。

ほかのおかず
▶はんぺんのベーコン巻き　▶ピーマンとパプリカ、ソーセージのソテー（→p118）
▶ミニトマト

具なしのプレーン卵焼きは味つけがシンプルなので、味の濃いおかずを合わせるとバランスがよくなります。もの足りなさはハムでカバー。

ほかのおかず
▶えのきのハム巻き
▶なすとパプリカのみそ炒め（→p114）

メインおかずがもの足りなかったので、卵焼きをサブおかずとして使いました。斜めに切ると、それだけで変化がつくのでおすすめです。

ほかのおかず
▶さばのごま揚げ　▶ソーセージのソテー
▶ゆでブロッコリー

卵焼きに具をプラスして**アレンジ**

卵焼きは具を足すとボリュームが出て食べごたえがアップし、見た目にも変化がつきます。
いくつものアレンジがありますが、よく作るものを紹介します。

＼ うず巻きの切り口がかわいい ／

のり卵焼き

材料と作り方（作りやすい分量）

作り方はp49と同じ。作り方**4**で巻く前に、卵焼き器より少し小さめに切った焼きのり1枚をのせて巻く。冷めるとふやけるので、温かいうちに切る。

ほかのおかず

▶鮭そぼろ（→p47）　▶オクラとベーコン、きくらげのソテー

＼ うまみをプラス ／

桜えび卵焼き

材料と作り方（作りやすい分量）

p49の作り方**1**で桜えび大さじ2を加えて混ぜ、2分ほどどおく。あとは作り方**2〜5**と同じ。

ほかのおかず

▶かぼちゃの肉巻きとソーセージ、ズッキーニのケチャップ炒め

＼ 主役を張れるおかずに！ ／

ベーコン卵焼き

材料と作り方（作りやすい分量）

p49の作り方**1**でベーコン（5mm幅に切る）1枚分を加えて混ぜ、あとは作り方**2〜5**と同じ。

ほかのおかず

▶チンゲン菜としめじのナムル（→p111）　▶ミニトマト
▶レンチンたらこ

＼ プチプチ食感がおいしい ／

枝豆卵焼き

材料と作り方（作りやすい分量）

p49作り方**1**で枝豆（ゆでたもの）15粒を加えて混ぜ、あとは作り方**2〜5**と同じ。

ほかのおかず

▶肉そぼろ（→p25）

\さわやかな香り/
三つ葉卵焼き

（材料と作り方）（作りやすい分量）

p49の作り方**1**で三つ葉（2cm長さに切る）3本分を加え、みりんは小さじ**1**に減らして混ぜる。あとは作り方**2〜5**と同じ。

ほかのおかず

▶しめじと玉ねぎ入りしょうが焼き ケチャップ味（→p13、15）
▶チンゲン菜のごまポン酢あえ

\黄×赤がきれいな彩りおかず/
かにかま卵焼き

（材料と作り方）（作りやすい分量）

作り方はp49と同じ。作り方**4**で巻く前に、かに風味かまぼこ**2本**を並べて巻く。かに風味かまぼこをほぐして卵液に混ぜてもよい。

ほかのおかず

▶鶏のから揚げ（→p17）　▶ゴーヤーの塩昆布あえ

\酸味が味のアクセント/
紅しょうが卵焼き

（材料と作り方）（作りやすい分量）

p49の作り方**1**で紅しょうが小さじ**2**を加えて混ぜ、あとは作り方**2〜5**と同じ。

ほかのおかず

▶豚肉と長ねぎのケチャップ炒め（→p67）　▶ゆでブロッコリー

\香りとコクが卵にマッチ！/
青じそ＆チーズ卵焼き

（材料と作り方）（作りやすい分量）

作り方はp49と同じ。作り方**4**で巻く前に、青じそ**1枚**とプロセスチーズ（5mm幅のもの）**1枚**をのせて巻く。

ほかのおかず

▶スパムとゴーヤーのソテー　▶ゆでブロッコリー

のり弁当

● のりとしょうゆでごはんが進むので、メインおかずのボリュームが足りないときや、
おかずが少ないときにおすすめです。

● のりにしょうゆをまんべんなくつけたいので、しょうゆはのりが入る大きさの平皿かバットに
入れましょう。

のり弁には
これ！の
テッパンおかず

ほかのおかず
▶ 焼き鮭
▶ 卵焼き（→p49）
▶ 小松菜と油揚げの焼きびたし
▶ かぶの漬けもの

のり弁

材料 （1人分）

ごはん ……………………………… 1人分
焼きのり、しょうゆ ………… 各適量

作り方

1 のりを切る
のりをお弁当箱の大きさに合わせて切る。

2 ごはんにのりをのせる
お弁当箱にごはんを詰め、のりの裏面にしょうゆをつけてのせる。

のりののせ方を**チェンジ**

＼ のりとごはんが2段仕立て ／
のり段々

材料と作り方 （1人分）

1 お弁当箱にごはんの½量を詰め、焼きのり1枚の両面にしょうゆをつけてのせる。
2 残りのごはんを詰め、焼きのり1枚の片面にしょうゆをつけてのせる。

ほかのおかず
▶しょうゆ鶏（→p31） ▶ソーセージとピーマンのケチャップ炒め（→p95）
▶ほうれん草とエリンギのポン酢あえ

＼ 風味がアップ！ ／
おかか＆細ねぎ散らし

材料と作り方 （1人分）

お弁当箱にごはんを詰め、かつお節、細ねぎ（小口切り）各少々を散らし、焼きのり1枚の片面にしょうゆをつけてのせる。

ほかのおかず
▶焼き鮭 ▶卵焼き（→p49）

のり弁当の組み合わせおかず例

のり弁はそれだけで満足度が高いのが魅力ですが、だからこそ、ほかのおかずに迷うこともあるでしょう。
そこで、私の歴代のり弁をご紹介。合わせるおかずのヒントにしてください。

焼き鮭の日はのり弁というくらい、我が家では定番の組み合わせです。見栄えもよくて、ふたを開けただけで食欲がそそられます。

ほかのおかず
▶焼き鮭　▶コーン入り卵サラダ（→p91）
▶こんにゃくとごぼうの煮もの　▶小松菜のソテー（→p107）

メインおかずがボリュームに欠けたり、少なかったりしたときは、のり弁にすることが多いです。困ったときは「とりあえずのり弁！」の私流ルールで乗り切ります。

ほかのおかず
▶たらのフライ　▶豚こまとチンゲン菜の炒めもの
▶鶏肉のケチャップ炒め　▶ふきのおかか煮

のっけ盛り（→p5）にするときは、のり弁にするのがおすすめ。おかずの汁気をのりが吸ってくれるのでごはんがべちゃべちゃになりませんし、その味がのりとごはんにしみて、よりおいしく食べられます。

ほかのおかず
▶しょうゆ鶏（→p31）　▶かにかまの卵炒め
▶きゅうりのツナマヨあえ

のり弁が主役！といったお弁当です。メインを張るには少しもの足りないようなおかずでも、のり弁にすればごはんがおいしく食べられるので、万事解決！です。

ほかのおかず
▶ソーセージ、しめじ、ピーマンのケチャップ炒め（→p95）
▶キャベツのポン酢おかかあえ（→p101）　▶ゆで卵

焼き鮭とのり弁はおいしいから組み合わせることが多いのですが、のりが余分な水分を吸って魚のくさみをやわらげてくれるので、その目的もあります。

ほかのおかず

▶焼き鮭　▶厚揚げ、ピーマン、パプリカ、しめじの中国風炒め
▶塩もみキャベツのみょうがあえ

かつおと昆布のふりかけを散らしてから、ちぎったのりをのせました。かつお節や佃煮などを散らすと、さらにごはんが進みます。

ほかのおかず

▶ポークトマト煮込み　▶チンゲン菜のナムル（→p111）
▶れんこんのきんぴら

ちぎったのりをごはんの上に散らし、ソースヒレかつ（→p37）をのせています。ごはんもおかずもおいしく食べられますし、中途半端に残ったのりの使い切り法としてもおすすめです。

ほかのおかず

▶ソースヒレかつ（→p37）　▶ほうれん草のソテー（→p123）
▶ゆで卵

冷蔵庫にメイン食材がなかったので、スパムとちくわを使って2品。こんなふうに、おかずが肉加工品や練りものだけのときは、満足できるようにのり弁にすることも多いです。

ほかのおかず

▶スパムのソテー　▶チンゲン菜の素焼き（→p111）
▶ちくわとピーマン、パプリカ、玉ねぎのみそ炒め（→p90）

私のお弁当は、メインおかず1＋サブおかず2の3品を基本としていますが、
メインおかずにボリュームがあるときや、具だくさんのときは、
あと1品あれば十分。ときにはそんなお弁当にすると、
作るほうは楽で、食べる人も案外うれしかったりするものです。

ほかのおかず
▶ ブロッコリーとパプリカの卵炒め

夕食ついでに作る　　保存OK 冷凍1か月

ビッグハンバーグ

大きなハンバーグをドーン！とのせた楽しいお弁当。

材料と作り方 （作りやすい分量）

p29と同様にする。ハンバーグの大きさ
はお弁当箱に合わせる。

----- COLUMN -----

私のハンバーグ作りのこと

夕食がハンバーグのときに多めに作るのが私のや
り方ですが、500gのひき肉で作った肉だねで、
たいてい8個作ります。そのうち4個を夕食用、
残りの4個がお弁当用です。ここで紹介したよう
に、大きく成形するときは、いつもはお弁当用に
4個作るところを2個にしています。

かつの卵とじ

夕食がとんかつの日の翌日に。野菜はサブおかずで補いましょう。

材料（1人分）

とんかつ（→p37）	1枚
玉ねぎ	¼個
溶き卵	1個分
A｜めんつゆ（2倍濃縮）	大さじ1
｜水	大さじ3

作り方

1 とんかつを切る

とんかつは食べやすい大きさに切る。玉ねぎは薄切りにする。

2 玉ねぎを煮る

小さめのフライパンにAを入れて中火で煮立て、玉ねぎを加えてしんなりするまで煮る。

3 卵でとじる

とんかつを加え、溶き卵を回し入れる。ふたをし、弱火で卵に完全に火が通るまで煮る。

ほかのおかず
▶ ピーマンとパプリカの
　ドレッシングあえ

>>> しめじを加えるのもおすすめ。とんかつの量が少ないときはかさ増しにもなります。

焼きとり

切って焼いて砂糖1：しょうゆ2の割合のたれをからめるだけ。覚えやすく簡単。

材料 （1人分）

鶏もも肉 ------------------------------ ¼枚
長ねぎ ------------------------------ 9㎝
酒 ------------------------------ 小さじ1
砂糖 ------------------------------ 小さじ1
しょうゆ ------------------------------ 小さじ2
サラダ油 ------------------------------ 少々
七味唐辛子 ------------------------------ 少々

作り方

1 鶏肉と長ねぎを切る

鶏肉はひと口大に切る。長ねぎは3㎝長さに切る。

2 鶏肉と長ねぎを炒める

フライパンに油を中火で熱して鶏肉、長ねぎを入れ、焼き色がつくまで炒める。酒を加えてふたをし、1分蒸し焼きにする。

3 砂糖としょうゆをからめる

砂糖としょうゆを加え、汁気がほぼなくなるまでからめる。好みで七味唐辛子をふる。

ほかのおかず
▶ さつまいものフリット

　>>> 甘辛いたれがしみたごはんがおいしいので、のっけ盛り（→p5）で焼きとり丼弁当に。

ほかのおかず
▶ かぼちゃの煮もの

フライパンひとつで

鶏肉の卵とじ

ごはんの上にのせると親子丼に。甘辛い煮汁がしみておいしい！

材料 (1人分)

鶏もも肉	¼枚
玉ねぎ	⅛個
しめじ	⅙パック
溶き卵	1個分
A めんつゆ(2倍濃縮)	大さじ1
水	大さじ2

作り方

1 鶏肉と玉ねぎを切る

鶏肉はひと口大に切る。玉ねぎは横に1cm幅に切る。しめじはほぐす。

2 玉ねぎ、鶏肉、しめじを煮る

フライパンにA、1を入れて中火にかけ、肉に火が通るまで煮る。

3 卵でとじる

溶き卵を回し入れ、ふたをして弱火で1分煮る。火を止め、余熱で完全に火を通す。

>>> ごはんの上に盛りつけるときは、形をくずさないように大きめのへらですくってのせましょう。

ほかのおかず
▶ ゆで卵

フライパンひとつで

肉 野 菜 炒 め

ボリュームも栄養もばっちりなので、サブおかずは1工程でできる簡単なものを。

材料 （1人分）

豚こま切れ肉		40g
キャベツ		1枚
長ねぎ		5㎝
にんじん		⅙本
A	鶏がらスープの素（顆粒）	
		小さじ½
	塩、こしょう	各少々
サラダ油		少々

作り方

1 野菜を切る

キャベツはざく切りにする。長ねぎは斜め薄切りにする。にんじんは短冊切りにする。

2 豚肉を広げて点火→野菜を重ねる

フライパンに油をひき、豚肉を広げて入れる。弱めの中火にかけ、1をのせる。

3 Aを加えて炒める

肉にほぼ火が通ったら全体に混ぜ、Aを加えて炒める。

　>>> 肉野菜炒めはここでは中国風の味つけにしましたが、オイスターソースや、焼き肉のたれなどもおすすめ。

天丼

夕食が天ぷらだったときならではのお弁当。楽でおいしくて豪華と、いいことずくめ！

材料 （1人分）

天ぷら（好みのもの。ここではれんこん、
　かぼちゃ、しいたけ、まいたけ、なす、
　にんじん＋玉ねぎ＋
　ウインナソーセージのかき揚げ）
　──────────── 3〜6種
A│めんつゆ（2倍濃縮）── 大さじ1
　│水 ───────── 大さじ2
ごはん ──────────── 適量

作り方

1 天ぷらを煮る

フライパンに**A**を入れて中火にかけ、
煮立ったら天ぷらを加えて汁気が少し
残るくらいまで煮る。

2 ごはんにのせる

ごはんに**1**をのせる。

ほかのおかず
▶ **チンゲン菜のナムル**（→p111）

>>> 天ぷらの衣は、薄力粉1：お好み焼き粉1：水2で合わせています。この衣だと冷めてもカリッとしていますし、
　　ほんのり甘みがあってそのまま食べてもおいしいです。

市販の調味料＋1だけで 奥深い味が作れます

ポン酢しょうゆ、焼き肉のたれなど、
市販の合わせ調味料は、それだけで味が完成しているから、
そこに別の調味料を少し足すだけで「それっぽい味」が簡単に作れます。

たとえば、酢豚のような甘酢あんを作りたいとき。
本来ならば、酢、砂糖、しょうゆ、ケチャップ、酒、塩の6つもの調味料を合わせなくてはいけません。
ところが、ポン酢しょうゆを使えば、ケチャップを足すだけ。
ポン酢しょうゆにはもともと酸味や甘み、塩味があるから、調味料の数を減らせるのです。

調味料をはかったり合わせたりする時間が省けるから、時短になります。
そのうえ、味もぴたっと決まります。

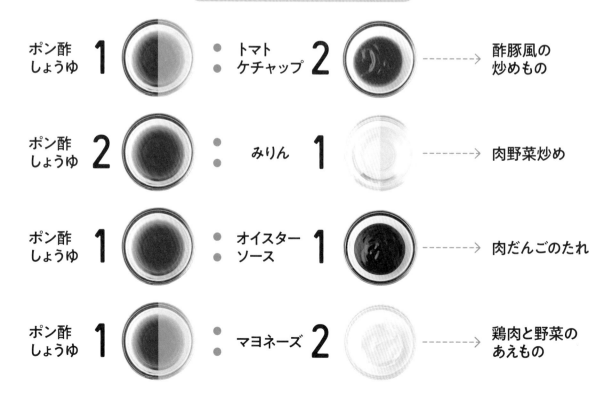

ポン酢しょうゆに＋

ポン酢しょうゆ 1	：トマトケチャップ 2	⇢ 酢豚風の炒めもの
ポン酢しょうゆ 2	：みりん 1	⇢ 肉野菜炒め
ポン酢しょうゆ 1	：オイスターソース 1	⇢ 肉だんごのたれ
ポン酢しょうゆ 1	：マヨネーズ 2	⇢ 鶏肉と野菜のあえもの

焼き肉のたれ **2**  ： しょうゆ **1**  -----→ 肉野菜炒め

焼き肉のたれ **1** ： マヨネーズ **2** -----→ から揚げの
あえ衣

焼き肉のたれ **2** ： ポン酢
しょうゆ **1**  -----→ 野菜たくさんの
焼き肉

オイスターソースに＋

オイスター
ソース **1**  ： マヨネーズ **2** -----→ 肉のあえもの

オイスター
ソース **1** ： トマト
ケチャップ **2** -----→ 肉野菜炒め

ドレッシングに＋

ごま
ドレッシング **3** ： めんつゆ
（2倍濃縮）**1** -----→ 鶏肉ときゅうりの
あえもの、
豚しゃぶ

PART
2

身近な食材で作れる
メインおかず

お弁当に使う食材は案外限られますし、
それぞれの家庭のし好で、買う食材はだいたい決まってきます。
そこで、我が家の場合はどうかしらとよく使う食材を洗い出し、
それで何を作ることが多いかなと考えて、この章を組み立てました。
お弁当のおかずを作るとき、
たいていは食材から考えることが多いでしょうから、
使い勝手がいいように、食材ごとに分けて紹介しています。

豚薄切り肉のおかず

みそ味

これ

ほかのおかず
▶ しめじとみょうがのポン酢あえ
▶ ゆで卵

フライパンひとつで

豚肉とピーマン、なすのみそ炒め

みそのこってり味がごはんにぴったり。野菜はあるものでOKです。

材料 (1人分)

豚バラ薄切り肉	40g
ピーマン	½個
なす	½個
A みそ、みりん	各小さじ2
砂糖	小さじ½
サラダ油	少々

作り方

1 豚肉と野菜を切る

豚肉はひと口大に切る。ピーマン、なすは乱切りにする。A
は混ぜる。

2 豚肉→野菜の順に炒める

フライパンに油をひき、豚肉を広げて中火にかけ、炒める。
肉に火が通ったらピーマン、なすを加えて炒める。

3 Aをからめる

Aを加えて炒め、全体にからめる。

　　>>> 合わせる野菜はp14〜15も参考にしてください。

これ

ケチャップ味

ほかのおかず
▶ 焼き鮭
▶ 焼きさつま揚げ
▶ 塩もみキャベツ

フライパンひとつで

豚肉と玉ねぎのケチャップ炒め

ケチャップにソースを加えると味が決まりやすく、コクも増します。

材料 (1人分)

豚切り落とし肉 ················· 50g
玉ねぎ ····························· ⅙個
塩、こしょう ··················· 各少々
トマトケチャップ、中濃ソース ··· 各小さじ2
サラダ油 ·························· 少々

作り方

1 玉ねぎを切る

玉ねぎは1cm幅のくし形切りにする。

2 豚肉と玉ねぎを炒める

フライパンに油を中火で熱し、豚肉と玉ねぎを入れ、塩、こしょうをふって炒める。

3 ケチャップとソースをからめる

ケチャップ、中濃ソースを加え、炒めながら全体にからめる。

>>> なすやピーマン、パプリカも合います。肉を入れずに野菜だけで作ると、サブおかずの一品になります。

これ

甘辛＆
ピリ辛味

ほかのおかず
▶ 卵焼き（→p49）
▶ はんぺんのしそ巻き（→p93）
▶ ミニトマト

フライパンひとつで　漬けおき

豚肉のプルコギ風炒め

前日に漬けておくので朝が楽。ごはんがどんどん進む味つけです。

材料（1人分）

豚切り落とし肉	60g
にんじん	⅛本
ピーマン	¼個
A しょうゆ	小さじ2
酒、ごま油	各小さじ1
コチュジャン、はちみつ、白すりごま	各小さじ½

作り方

1 豚肉と野菜を切る
豚肉は1cm幅に切る。にんじん、ピーマンは細切りにする。

2 材料をすべて混ぜ、冷蔵庫で漬ける
保存袋にAを入れ、1を加えてもみ込み、冷蔵庫でひと晩漬ける。

3 炒める
フライパンに2を入れて中火にかけ、豚肉に火が通るまで炒める。

これ

甘辛味

ほかのおかず
▶ 焼きがんもどき
▶ なすとパプリカのポン酢あえ (→ p114)

フライパンひとつで　食材ひとつだけ

豚肉の砂糖じょうゆ炒め

油をひかずに豚バラ肉を炒めるとカリッと香ばしく、調味料もよくからみます。

材料 (1人分)

豚バラ薄切り肉 ―――――――――― 60g
砂糖 ――――――――――――― 小さじ1
しょうゆ ――――――――――― 小さじ2

作り方

1 豚肉を切る

豚肉は3cm幅に切る。

2 豚肉を炒める

フッ素樹脂加工のフライパンに豚肉を広げ、中火にかけて炒める。火が通ってこんがりしてきたら火を止め、余分な脂をキッチンペーパーでふき取る。

3 砂糖としょうゆをからめる

中火にかけ、砂糖としょうゆを加え、汁気がなくなるまで炒める。好みで仕上げにごまをふる。

>>> 味つけは砂糖1：しょうゆ2なので覚えやすいです。甘めが好きなら1：1にしてください。

これ

甘辛味

ほかのおかず
▶ のり卵焼き（→p50）
▶ ピーマンとソーセージのソテー（→p118）
▶ レンチンたらこ

鍋ひとつで　夕食ついでに作る

豚肉と根菜の煮もの

味がしみたほうがおいしい煮ものは、夕食に多めに作るのがおすすめ。

材料（作りやすい分量）

豚バラ薄切り肉	60g
れんこん	1節
にんじん	1本
しいたけ	2個
砂糖	大さじ1
しょうゆ	大さじ2
サラダ油	少々

作り方

1 豚肉と野菜を切る

豚肉は3cm幅に切る。れんこん、にんじんは乱切りにする。しいたけは軸を取り、半分のそぎ切りにする。

2 豚肉と野菜を炒める

鍋に油を中火で熱し、1を油が回るまで炒める。

3 水と砂糖、しょうゆで煮る

水をかぶるくらいまで注ぎ、砂糖、しょうゆを加え、煮汁が⅓量になるまで10分ほど煮る。

焼き肉の
たれ味

これ

ほかのおかず
▶ キャベツのナムル（→p100）
▶ なすの煮びたし（→p115）

フライパンひとつで　調味料ひとつだけ

豚肉とピーマンの焼き肉のたれ炒め

調合調味料なのでこれだけで味が決まります。思考停止の朝はこの味つけに。

材料 （1人分）

豚ロース薄切り肉	60g
ピーマン	½個
サラダ油	少々
焼き肉のたれ	大さじ1

作り方

1 豚肉とピーマンを切る

豚肉は3cm幅に切る。ピーマンは横に2cm幅に切る。

2 豚肉→ピーマンの順に炒める

フライパンに油をひき、豚肉を広げて中火にかけ、両面を焼く。肉に火が通ったらピーマンを加えて炒める。

3 焼き肉のたれをからめる

焼き肉のたれを加え、全体にからめる。

牛薄切り肉のおかず

これ

焼き肉の
たれ味

ほかのおかず
▶ ゆでほうれん草
▶ かぼちゃの煮もの

フライパンひとつで **調味料ひとつだけ**

牛肉とにんじんの焼き肉のたれ炒め

肉だけでなく野菜もしっかり入れると、炒めもの感が増し、焼き肉（→p45）とは異なる仕上がりに。

材料 （1人分）

牛切り落とし肉 ──────────── 60g
にんじん ──────────────── ¼本
玉ねぎ ───────────────── ⅙個
焼き肉のたれ ─────────── 大さじ1
サラダ油 ──────────────── 少々

作り方

1 牛肉と野菜を切る

牛肉は食べやすい大きさに切る。にんじんはせん切りにする。
玉ねぎは薄切りにする。

2 牛肉→野菜の順に炒める

フライパンに油をひき、牛肉を広げて中火にかけ、炒める。
火がほぼ通ったらにんじん、玉ねぎを加えて炒める。

3 焼き肉のたれをからめる

焼き肉のたれを加え、全体にからむまで炒める。

　　>>> こってり味がお弁当向きの焼き肉のたれ。ほかのメインおかずも参考にしてください（→p45、71）。

甘辛味

ほかのおかず
▶ オクラとしいたけのポン酢あえ
▶ ゆで卵

これ

フライパンひとつで　**食材ひとつだけ**

牛肉の砂糖じょうゆ炒め

砂糖を先にからめるのが、冷めてもやわらかく仕上げるコツです。

材料（1人分）

牛切り落とし肉 ───────────── 60g
砂糖 ───────────────── 小さじ1
しょうゆ ──────────────── 小さじ2
サラダ油 ─────────────────── 少々

作り方

1 牛肉を切る

牛肉は食べやすい大きさに切る。

2 牛肉に砂糖をふって焼く

フライパンに油を中火で熱し、牛肉を広げて砂糖を全体にふりかけ、肉の色が変わったら返し、両面を焼く。

3 しょうゆをからめる

しょうゆを加え、全体に炒める。

>>> 長ねぎの小口切り（3㎝分）を加えてもおいしいです。最後に加えてさっと炒めてください。

これ

オイスター
ソース味

ほかのおかず
▶ チンゲン菜のナムル（→p111）
▶ ゆで卵

フライパンひとつで

牛肉としいたけのオイスターソース炒め

牛肉とオイスターソースは相性抜群。白いごはんともよく合います。

材料 （1人分）

牛切り落とし肉	60g
しいたけ	1個
にんじん	⅛本
玉ねぎ	⅙個
オイスターソース	小さじ1
しょうゆ	少々
サラダ油	少々

作り方

1 牛肉と野菜を切る

牛肉は食べやすい大きさに切る。しいたけは軸を取り、薄切りにする。にんじんは短冊切りに、玉ねぎは薄切りにする。

2 牛肉→野菜の順に炒める

フライパンに油を中火で熱し、牛肉を広げて炒める。ほぼ火が通ったらしいたけ、にんじん、玉ねぎを加えて炒める。

3 調味料をからめる

オイスターソース、しょうゆを加え、全体にからめる。

これ

甘辛味

ほかのおかず
▶ ゆで小松菜
▶ ゆで卵

鍋ひとつで　夕食ついでに作る

牛肉のすき煮

1人分だと味が決まりにくいので、夕食ついでに多めに作るのがおすすめ。

（ 材料 ）（作りやすい分量）

牛切り落とし肉	150g
玉ねぎ	½個
木綿豆腐	½丁
しらたき	1袋
A 水	1カップ
砂糖	大さじ1
しょうゆ	大さじ2
酒	小さじ2
サラダ油	少々

（ 作り方 ）

1 牛肉、玉ねぎ、豆腐、しらたきを切る

牛肉は食べやすい大きさに切る。玉ねぎは薄切りにする。豆腐は1.5cm幅に切る。しらたきは食べやすい長さに切る。

2 牛肉と玉ねぎを炒める

鍋に油を中火で熱し、牛肉と玉ねぎをさっと炒める。

3 Aで煮る

Aを加え、煮立ったら豆腐、しらたきを加え、煮汁が⅓量になるまで煮る。

>>> すき煮はのっけ盛り（→p5）にして牛丼仕立てにするのがおすすめです。

これ

ケチャップ味

ほかのおかず
▶ ズッキーニのドレッシング炒め
▶ ゆで卵

フライパンひとつで

牛肉と赤ピーマンのケチャップ炒め

ケチャップだけでは味がぼやけるので、しょうゆも入れるのがポイントです。

材料 (1人分)

牛切り落とし肉 ………………………… 60g
赤ピーマン …………………………… ⅛個
玉ねぎ ………………………………… ⅛個
塩、こしょう ………………………… 各少々
トマトケチャップ …………………… 小さじ2
しょうゆ ……………………………… 小さじ1
サラダ油 ……………………………… 少々

作り方

1 牛肉と野菜を切る

牛肉は食べやすい大きさに切る。赤ピーマンは細切りにする。玉ねぎは薄切りにする。

2 牛肉と野菜を炒める

フライパンに油を中火で熱して、1をさっと炒める。塩、こしょうをふり、肉の色が変わり、玉ねぎが透明になるまで炒める。

3 調味料をからめる

ケチャップ、しょうゆを加えて全体になじむまで炒める。

これ

酢じょうゆ
味

ほかのおかず
▶ ピーマンとソーセージのソテー (→ p118)
▶ フライドさつまいも

フライパンひとつで 調味料ひとつだけ

牛肉と大根のポン酢炒め

ポン酢しょうゆを加熱して味を凝縮させましょう。ほのかな酸味のすっきりおかずです。

材料 (1人分)

牛切り落とし肉	30g
大根	2cm
ポン酢しょうゆ	大さじ1
サラダ油	少々

作り方

1 牛肉と大根を切る

牛肉は食べやすい大きさに切る。大根は1cm幅のいちょう切りにする。

2 大根→牛肉の順に炒める

フライパンに油を中火で熱し、大根を炒める。透き通ってきたら牛肉を加え、肉の色が変わるまで炒める。

3 ポン酢しょうゆをからめる

ポン酢しょうゆを加え、汁気がなくなるまで炒める。

>>> 大根が入ることでかさが増すので、「肉が少ししかない！」なんていうときにもおすすめのおかずです。

これ

しょうゆ
味

ほかのおかず
▶ ピーマンのツナマヨあえ (→p118)
▶ かぼちゃの煮もの

夕食ついでに作る

ビッグ竜田揚げ

大きいまま揚げてしまうズボラレシピですが、肉汁が閉じ込められておいしい!

材料 (1人分)

鶏もも肉		½枚
A	しょうゆ	大さじ1
	ごま油	大さじ½
片栗粉		適量
揚げ油		適量

作り方

1 鶏肉に下味をつける

鶏肉は厚みのあるところに包丁を入れて切り開き、Aに5分ほど漬ける。

2 片栗粉をまぶす

1の汁気を軽くきり、片栗粉をまぶす。手でぎゅっと押さえ、衣をしっかりつける。

3 170℃で揚げる

揚げ油を170℃に熱し、2をきつね色になるまで揚げる。食べやすい大きさに切る。

　>>> から揚げサイズに切るのがめんどうだったときに生まれた、偶然のおいしい発見レシピです。
油の中でいくつも返さなくて済むのもいいところ。

これ

ほかのおかず
▶ 焼き鮭
▶ 塩もみきゅうりのごまがらめ (→p105)

カレー味

フライパンひとつで

鶏肉となすのカレー炒め

スパイシーなカレー味は、味つけがマンネリ化したときにおすすめです。

材料 (1人分)

鶏もも肉	¼枚
なす	½個
カレー粉	小さじ1
しょうゆ、塩、こしょう	各少々
サラダ油	少々

作り方

1 鶏肉となすを切る

鶏肉はひと口大に切る。なすは1.5cm幅のいちょう切りにする。

2 鶏肉→なすの順に炒める

フライパンに油を中火で熱し、鶏肉を炒める。なすを加え、油が回ってしんなりするまで炒める。

3 カレー粉と調味料をからめる

カレー粉、しょうゆ、塩、こしょうを加えて全体にからめる。

>>> カレー炒めの上にはマヨネーズをひと絞り。意外なようですがカレー味と合います。

これ

塩、
こしょう味

ほかのおかず
▶ しめじとパプリカの卵炒め
▶ ピーマンとツナのポン酢あえ
▶ ミニトマト

フライパンひとつで　食材ひとつだけ

チキンソテー

塩、こしょうをしっかりめにふると食べたときにちょうどいい塩梅になります。

材料 （1人分）

鶏もも肉 --- ½枚
塩、こしょう ----------------------------------- 各適量
サラダ油 ------------------------------------- 小さじ2

作り方

1 鶏肉に塩、こしょうをふる

鶏肉に塩、こしょうをしっかりめにふる。

2 鶏肉を焼く

フライパンに油を中火で熱し、鶏肉を皮目を下にして入れ、片面3分ずつ焼く。火を消してそのまま3分ほどおいて余熱で火を通す。食べやすい大きさに切る。

これ

甘酢味

ほかのおかず
▶ キャベツのナムル (→p100)
▶ 卵サラダ (→p91)

[フライパンひとつで] [食材ひとつだけ]

鶏肉の甘酢炒め

コクのある甘酸っぱい味つけで、ごはんに合う洋風おかずです。

(材料) (1人分)

鶏もも肉 ·································· ½枚
塩、こしょう ···························· 各少々
トマトケチャップ、ポン酢しょうゆ
······································ 各大さじ1
サラダ油 ································ 少々

(作り方)

1 鶏肉を切る

鶏肉はひと口大に切る。

2 鶏肉を焼く

フライパンに油を中火で熱し、鶏肉を皮目を下にして入れ、塩、こしょうをふって全体に焼き色がつくまで焼く。

3 調味料をからめる

ケチャップ、ポン酢しょうゆを加えてからめる。

>>> ケチャップやポン酢しょうゆなど、市販の合わせ調味料を使うと味つけが楽です。p62〜63も参考にしてください。

鶏もも肉 のおかず

これ

酢じょうゆ味

ほかのおかず
▶ パプリカのごまあえ（→p119）
▶ ゆで卵

フライパンひとつで

鶏肉のしょうがポン酢炒め

鶏肉で作る、さっぱり味のしょうが焼き風おかずです。

材料 （1人分）

鶏もも肉	½枚
玉ねぎ	¼個
塩、こしょう	各少々
A しょうが（すりおろし）	小さじ1
A ポン酢しょうゆ	大さじ1
サラダ油	少々

作り方

1 鶏肉と玉ねぎを切る

鶏肉は1.5cm幅のそぎ切りにする。玉ねぎは1cm幅に切る。

2 鶏肉、玉ねぎを入れて点火→焼く

フライパンに油をひき、1を入れて中火にかけ、塩、こしょうをふる。鶏肉に焼き色がついたら返し、同様に焼く。

3 Aを加えて炒める

全体を混ぜて1分ほど炒め、Aを加えて汁気がほとんどなくなるまで炒める。

82　　　>>> 豚肉のしょうが焼き同様、合わせる野菜はあるものでOK。p14〜15も参考にしてください。

これ

甘酢味&
マヨ味

ほかのおかず
▶ ほうれん草の昆布の佃煮あえ（→ p123）
▶ ミニトマト

夕食ついでに作る（鶏のから揚げのみ）

チキン南蛮

鶏肉を前夜に揚げておけば、朝は甘酢だれとタルタルソースを作るだけ！

材料 （1人分）

鶏もも肉	½枚
塩、こしょう	各少々
片栗粉	適量
揚げ油	適量

甘酢だれ

ポン酢しょうゆ、みりん	各大さじ1

タルタルソース

ゆで卵	1個
玉ねぎ	¼個
マヨネーズ	大さじ2
酢	小さじ1
塩、こしょう	各少々

作り方

1 鶏肉を170℃で揚げる

鶏肉は塩、こしょうをふり、片栗粉をまぶす。揚げ油を170℃に熱し、鶏肉をきつね色になるまで揚げる。食べやすい大きさに切る。

2 甘酢だれを作り、鶏肉にからめる

フライパンにポン酢しょうゆ、みりんを入れてひと煮立ちさせ、火を消して1を加え、からめる。

3 タルタルソースを作る

ゆで卵はフォークで細かくほぐす。玉ねぎはみじん切りにする。すべての材料を混ぜ合わせる。2に添える。

>>> ここでは、仕上げに粗びき黒こしょうをふり、味にアクセントをつけましたが、これは好みでどうぞ。

これ

オイスター
ソース味

ほかのおかず
▶ ゆで卵
▶ ゆでブロッコリー

フライパンひとつで | 夕食ついでに作る（肉だんごのみ）

肉だんごのオイスターソース炒め

夕食が肉だんごのときに多めに作って保存しておくと、お弁当に役立ちます。

材料 （1人分）

肉だんご ------------- 5個
パプリカ（赤）---------- ⅛個
チンゲン菜 ----------- 1枚
長ねぎ --------------- 3㎝
オイスターソース
-------------- 小さじ2
塩、こしょう ------- 各少々
ごま油 -------------- 少々

作り方

1 野菜を切る

パプリカは乱切りにする。チンゲン菜は3㎝長さに切る。長ねぎは1㎝幅の斜め切りにする。

2 肉だんごと野菜を炒める

フライパンにごま油を中火で熱し、1を炒める。しんなりしたら肉だんごを加えて炒める。

3 調味料をからめる

オイスターソース、塩、こしょうを加え、全体にからめる。

夕食ついでに作る

保存OK
冷凍
1か月

肉だんご

材料と作り方 （作りやすい分量）

1 ボウルに、合いびき肉200g、玉ねぎ（みじん切り）¼個分、卵1個、片栗粉大さじ1、塩、こしょう各少々、しょうゆ小さじ1を入れ、粘りが出るまで練り、直径2㎝くらいに丸める。
2 フライパンに揚げ油を入れて160℃に熱し、1を揚げる。

トマト味

ほかのおかず
▶ さつま揚げとこんにゃく、にんじん、オクラの即席煮もの (→p92)
▶ ゆで小松菜

これ

フライパンひとつで　夕食ついでに作る（ミートソースのみ）

なすのミートソース炒め

ミートソースは多めに作るのが断然おすすめ。お弁当のおかず作りに重宝します。

材料 (1人分)

ミートソース …… 大さじ2
なす ………………… ½個
サラダ油 …………… 少々

作り方

1 なすを切る

なすは長さを半分に切り、四つ割りにする。

2 なすを炒め、ミートソースをからめる

フライパンに油を中火で熱し、なすをしんなりするまで炒める。ミートソースを加え、全体にからめながら炒める。

夕食ついでに作る

保存OK
冷蔵
5日

ミートソース

材料と作り方 (作りやすい分量)

1 フライパンにオリーブ油小さじ2を中火で熱し、玉ねぎ(みじん切り)1個分、にんにく(みじん切り)1片分を炒める。

2 合いびき肉300gを加えてポロポロになるまで炒め、トマト水煮(カットタイプ)½缶(200g)、水1カップ、トマトケチャップ大さじ2、コンソメの素(顆粒)小さじ2、塩、こしょう各少々を加えて10分ほど煮る。

3 粉チーズ大さじ2を加え、とろみがつくまで5分ほど煮る。

>>> ミートソースはじゃがいもとあえてミートソースポテト(→p101)にしたり、パスタとあえたりするのもおすすめです。

かじき
のおかず

焼き肉の
たれ味

これ

ほかのおかず
▶ パプリカの卵炒め
▶ しめじと長ねぎのポン酢あえ

夕食ついでに作る　調味料ひとつだけ

かじきの竜田揚げ

事前に漬けておき、夕食が揚げもののときについでに揚げると効率よく作れます。

材料 (1人分)

かじき (切り身)	1切れ
焼き肉のたれ	大さじ1
片栗粉	適量
揚げ油	適量

作り方

1 かじきを焼き肉のたれに漬ける

かじきは3等分に切り、保存袋に入れ、焼き肉のたれを加えてなじませ、冷蔵庫でひと晩〜2日漬ける。

2 かじきに片栗粉をつける

キッチンペーパーで汁気をふき取り、片栗粉をまぶす。

3 170℃で揚げる

揚げ油を170℃に熱し、**2**をきつね色になるまで揚げる。

　>>> かじきは鶏肉と同じ感覚で私は使います。なので、鶏肉で作っているおかずはかじきに変えてもOKです。

酢じょうゆ味

これ

ほかのおかず
▶ 2色ピーマンのソテー
▶ さつまいものマヨあえ
▶ 焼きさつま揚げ

フライパンひとつで

かじきのポン酢ソテー

ポン酢しょうゆがからみやすいように、薄力粉をまぶすのがコツです。

材料 (1人分)

かじき (切り身)	1切れ
塩、こしょう	各少々
薄力粉	適量
ポン酢しょうゆ	大さじ1
サラダ油	少々

作り方

1 かじきに塩、こしょうをふる

かじきは半分に切り、塩、こしょうをふって薄力粉をまぶす。

2 かじきを焼く

フライパンに油を中火で熱し、1を入れて両面を焼く。

3 ポン酢しょうゆをからめる

ポン酢しょうゆを加え、かじきを返しながらからめる。

>>> 味つけはトマトケチャップや焼き肉のたれもおいしいですし、ドレッシングソテーやマヨネーズ焼きもおすすめです。

塩、
こしょう味

ほかのおかず
▶ 肉そぼろ(→p25)
▶ 塩焼き豚
▶ ほうれん草のソテー(→p123)
▶ ふきの煮もの
▶ ミニトマト

これ

フライパンひとつで

ハムとほうれん草のキッシュ風オムレツ

具を入れて丸く平らに焼き、切り分けます。詰める量でメインにもサブにもなります。

材料 (作りやすい分量)

卵	4個
ハム	5枚
ほうれん草	2株
塩、こしょう	各少々
オリーブ油	小さじ2

作り方

1 ハムとほうれん草を切る
ハム、ほうれん草は食べやすい大きさに切る。

2 ハムとほうれん草を炒める
フライパンにオリーブ油小さじ1を中火で熱して1を炒め、塩、こしょうをふってさっと炒める。

3 卵と具を混ぜる
ボウルに卵を割りほぐし、2を加えて混ぜる。

4 卵液を流して焼く
2のフライパンをキッチンペーパーでふき、オリーブ油小さじ1を中火で熱し、3を流し入れる。全体を手早くかき混ぜ、八割ほど火が通ったらふたをし、弱火で完全に火が通るまで焼く。

　　>>> 具はグリーンアスパラガス、パプリカなど、ある野菜でOK。ハムやベーコン、チーズのように
うまみのある食材を加えるとおいしくできます。

これ

塩、
こしょう味

ほかのおかず
▶ ピーマンとパプリカ、
　しめじのソテー
▶ ゆでほうれん草

フライパンひとつで

ひき肉のはさみオムレツ

具を包み込むタイプのオムレツ。メインおかずとして十分なボリュームです。

材料 （1人分）

溶き卵	2個分
合いびき肉	大さじ2
玉ねぎ（みじん切り）	⅒個分
塩、こしょう	各少々
バター	適量

作り方

1 玉ねぎ、ひき肉を炒める

フライパンにバター少々を中火で溶かし、玉ねぎ、ひき肉を炒め、塩、こしょうをふる。玉ねぎが透き通るまで炒めたら、取り出す。

2 溶き卵を入れ、八割方火を通す

1のフライパンをキッチンペーパーでふき、バター少々を中火で溶かし、溶き卵を流し入れる。手早くかき混ぜ、八割ほど火を通す。

3 ひき肉を包む

手前半分に1をのせて半分に折り、包み込む。両面に薄い焼き色がつくまで焼き、火を止めて余熱で完全に火を通す。

>>> はさむ具は、ミートソース（→p85）もおすすめです。

これ

甘辛味

みそ味

これ

卵、大豆・魚・肉加工品のおかず

使いやすく、たんぱく質源になる食材ですが、
メインにはもの足りなくて扱い方に迷うこともあるでしょう。
こうしたいわば「7割メインおかず」は、複数詰めると
それぞれのもの足りなさをカバーし合い、全体のボリュームがととのいます。
メインおかずが足りないときのサポートおかずにも役立ちます。

`フライパンひとつで` `食材ひとつだけ`

油揚げのうなぎのたれ焼き

甘じょっぱいたれを油揚げにからめるだけなのに、満足度大!

材料 (1人分)

油揚げ ----------------------- 1枚
うなぎのたれ (市販品)
----------------------- 小さじ2

ほかのおかず
▶青のり卵焼き
▶ピーマンとパプリカのソテー

作り方

1 油揚げは2cm四方に切る。
2 フライパンに油揚げを入れて中火にかけ、焼き色がつくまで動かさないで焼く。返して同様に焼く。
3 うなぎのたれを加え、汁気がなくなるまでからめる。

`フライパンひとつで`

ちくわとピーマン、なすのみそ炒め

そのまま食べられるちくわを使った時短おかずです。

材料 (1人分)

ちくわ ---------------------- 1本
なす ----------------------- ½個
ピーマン、赤ピーマン
----------------------- 各¼個
　　｜ みそ ---------- 小さじ½
A　｜ みりん --------- 小さじ2
　　｜ しょうゆ ---------- 少々
サラダ油 ------------------- 少々

ほかのおかず
▶卵焼き (→p49)
▶たけのことしいたけの煮もの

作り方

1 ちくわは長さを3等分に切り、縦半分に切る。なす、ピーマン、赤ピーマンは乱切りにする。Aは混ぜ合わせる。
2 フライパンに油を中火で熱し、なすを炒める。油が回ったらちくわ、ピーマン、赤ピーマンを加えて炒める。
3 Aを加えて炒め、全体にからめる。

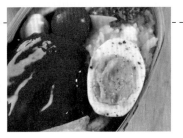

切って詰めるだけで華やぎます。ここでは粗びき黒こしょうをひとふり。

ゆで卵は冷蔵庫にストック

ゆで卵があると、彩りを補ったりすき間を埋めたりに重宝し、卵サラダもすぐに作れて便利です。ですから、作るときは一度に3〜4個ゆでると効率がよく、朝の時短にもなります。冷蔵庫で4〜5日保存OKです。

`混ぜるだけ` `食材ひとつだけ`

卵サラダ

きゅうりやブロッコリーなど、野菜を加えるのもおすすめです。

`材料` （1人分）

ゆで卵	1個
マヨネーズ	小さじ2
塩、こしょう	各少々

ほかのおかず
▶鶏肉とさつま揚げ、しめじのカレー風味しょうが焼き
▶ゆでほうれん草
▶ミニトマト

`作り方`

1 ゆで卵はフォークで好みの大きさにほぐす。粗いと食べごたえがあり、細かいとほかのおかずとからめて食べることができる。

2 マヨネーズ、塩、こしょうを加えて混ぜる。

これ

マヨ味

これ

塩、こしょう味

`フライパンひとつで`

枝豆の卵炒め

彩りがほしいときに。キャベツやピーマンなどあるものでOK。

`材料` （1人分）

卵	1個
枝豆（ゆでたもの）	5さや
塩、こしょう	各少々
サラダ油	少々

ほかのおかず
▶ソースかつ（→p37）
▶ソーセージとしいたけのソテー

`作り方`

1 卵は割りほぐし、枝豆をさやから出して加える。塩、こしょうをふって混ぜる。

2 フライパンに油を中火で熱し、十分に熱くなったら1を一気に流し入れる。菜箸で大きく混ぜ、完全に火を通す。

これ

甘辛味

これ

味つけ
なし

フライパンひとつで

さつま揚げの即席煮もの

根菜は小さく切り、煮詰めて味をからめるのがコツ。

材料 (1人分)

さつま揚げ	1枚
にんじん	⅛本
しいたけ	1個

A	かつお節	2g
	しょうゆ	小さじ1
	みりん	小さじ2

作り方

1 さつま揚げは半分に切る。にんじんは小さい乱切りにする。しいたけは軸を取り、5mm幅に切る。

2 小さいフライパンに1を入れ、かぶるくらいの水を加えて中火にかけ、煮立ったらAを加えて煮る。にんじんに火が通ったら、汁気がほぼなくなるまで煮詰める。

ほかのおかず
▶鮭そぼろ (→p47)
▶アスパラのソテー
▶ゆで卵

フライパンひとつで

さつま揚げのしそ巻き

青じそを巻くだけでひと味違う一品に。

材料 (1人分)

さつま揚げ	1枚
青じそ	1枚

作り方

フライパンにさつま揚げを入れて中火にかけ、両面を軽く焼き色がつくまで焼く。熱いうちに青じそを巻く。

ほかのおかず
▶焼き鮭
▶コーンの卵炒め
▶にんじんの天ぷら (焼き直したもの)

はんぺんチーズ

さつま揚げで作るのもおすすめです。

材料 (1人分)

はんぺん ·· ½枚
プロセスチーズ (5mm幅のもの) ················· 1枚

作り方

1 はんぺんは厚みを半分に切り、チーズをはさむ。
2 ラップでしっかり包み、電子レンジで1分加熱する。あら熱が取れたら、半分に切る。

ほかのおかず
▶紅しょうが卵焼き (→p51)
▶ブロッコリーとベーコンのケチャップ炒め
▶ミニトマト

これ

味つけ
なし

フライパンひとつで ┃ 調味料ひとつだけ

はんぺんのり巻き

のりで風味づけ。青じそに変えてもOK。

材料 (1人分)

はんぺん ··· ½枚
焼きのり (8切りサイズ) ······························· 2枚
しょうゆ ··· 少々
サラダ油 ··· 少々

作り方

1 はんぺんは半分に切る。
2 フライパンに油を中火で熱し、1を入れて両面を焼く。焼き色がついたらしょうゆを加え、からめる。のりを巻く。

ほかのおかず
▶卵焼き (→p49)
▶ソーセージとエリンギ、パプリカのケチャップ炒め (→p95)

これ

しょうゆ
味

これ

味つけ
なし

これ

みそ味

レンチン

ほうれん草のベーコン巻き

レンジ完結だから手間なし。野菜は好みのもので。

材料（1人分）

ベーコン	2枚
ほうれん草	1株

作り方

1 ベーコンは少し重ねて広げ、ほうれん草をのせて巻く。
2 耐熱容器に並べ、ラップをかけて電子レンジで1分加熱する。

ほかのおかず
▶鶏のから揚げ（→p17）
▶しめじのねぎポン酢あえ

フライパンひとつで

厚切りベーコンのみそ炒め

厚切りベーコンは肉と同じに使えて便利です。

材料（1人分）

ベーコン（厚切り）	1cm
赤ピーマン	¼個
なす	½個
玉ねぎ	⅛個
A　みそ	小さじ½
みりん	小さじ2
サラダ油	少々

作り方

1 ベーコンは食べやすい大きさに切る。赤ピーマン、なすは乱切りにする。玉ねぎはくし形切りにする。
2 Aは混ぜ合わせる。
3 フライパンに油を中火で熱し、1を炒める。なすがしんなりしたら2を加え、全体にからめる。

ほかのおかず
▶きゅうりと紫いものマヨあえ
▶ゆで卵

ハムステーキ

焼くひと手間でおいしさアップ。

材料 (1人分)

ハム（厚切り）	1枚
サラダ油	少々

作り方

1 ハムは半分に切る。
2 フライパンに油を中火で熱し、1を焼き色がつくまで焼く。

ほかのおかず

▶焼き鮭のしそ巻き
▶ゆでほうれん草
▶レンチン明太子

ソーセージとしめじの ケチャップ炒め

切り口を上にすると、花が咲いたようでかわいい。

材料 (1人分)

ウインナソーセージ	3本
しめじ	少々
塩、こしょう	各少々
トマトケチャップ	小さじ2
サラダ油	少々

作り方

1 ソーセージは長さを半分に切り、切り口と逆側に十字の切り目を入れる。しめじはほぐす。
2 フライパンに油を中火で熱し、ソーセージを炒める。十字の切り目が開いたらしめじを加え、塩、こしょうをふってさっと炒め、ケチャップを加えてからめる。

ほかのおかず

▶2色ピーマンのオムレツ
▶きゅうりとツナのポン酢あえ (→p105)
▶ミニトマト

これ

味つけ
なし

これ

ケチャップ
味

漬けものは
色とりどりにそろえておくと便利です

お弁当をおいしそうに見せるコツは彩りです。
私もなるべく赤、緑、黄がそろうように心がけてはいるものの、
いつもこれらのおかずをそろえるのは大変です。

そこで、私がよく活用するのが漬けもの。
簡単に足りない色を補えます。
赤、緑、黄、黒などいくつかの色を冷蔵庫に常備しておくと便利です。
とくに、赤い色が入ると華やかになり、お弁当がおいしそうに見えるのですが、
赤い食材は案外少なくて、ミニトマト、にんじん、ラディッシュなど限られます。
そんなときも、漬けものが役立ちます。

おすすめの漬けもの

赤 見た目が華やぐ

梅干し

しば漬け

大根のさくら漬け

紅しょうが

緑 フレッシュ感をプラス

しその実

野沢菜

黄 食欲をそそる

たくあん

黒 引き締まる

昆布の佃煮

また、多くの面積を占めるごはんが白いと、どうもさみしいので、
ごはんのトッピングも常備しています。

おすすめのトッピング食材

ごま塩

ごまの黒がごはんの白に映えて、引き締まります。

赤じそふりかけ

全体に散らすほか、ピンポイントにのせても（→p68）。ふり方で表情がつけられます。

ふりかけ

我が家の定番は「のりたま」。黄色が入るとお弁当が明るくなります。

かつおと昆布の ふりかけ

甘じょっぱい味の佃煮風ふりかけです。ごはんによく合います。

ちりめん山椒

ごはんのおともになるほか、おかずがボリュームに欠けるときにカバーする役割も。

レンチンたらこ

たらこ2切れなら、ラップをかけて電子レンジで1分加熱。ピンク色が彩りにもなります。

PART

3

あっという間に完成！

サブおかず

サブおかずは、「ある食材」で「作れるもの」を
入れることが多いので、我が家の冷蔵庫によくある野菜を厳選し、
食材ごとにレシピを紹介しました。
私の作るサブおかずは、どれも朝起きてから作れる簡単なものばかりで、
野菜を変えて同じ味つけや調理法にすることも多いのですが、
裏を返せば、その食材でなくても作れるということです。
それを伝えたくて、似ているおかずをまとめて章末に表を載せました。

[フライパンひとつで]

キャベツとソーセージのソテー

食べごたえがほしいときに。ソーセージなら手間なしです。

[材料]（1人分）

キャベツ ····················· 1枚
ウインナソーセージ ····· 1本
塩、こしょう ··········· 各少々
サラダ油 ····················· 少々

ほかのおかず
▶鮭そぼろ（→p47）
▶3色にんじんのきんぴら（→p116）
▶レンチンたらこ

[作り方]

1 キャベツは食べやすい大きさに切る。ソーセージは5mm幅の斜め切りにする。
2 フライパンに油を中火で熱して1を入れ、キャベツがしんなりするまで炒める。塩、こしょうをふり、さっと炒める。

塩、
こしょう味

[レンチン]　[食材ひとつだけ]

キャベツのナムル

どんなおかずにも合い、簡単に作れる便利な副菜です。

[材料]（1人分）

キャベツ ····················· 1枚
塩、こしょう ··········· 各少々
ごま油 ····················· 小さじ1

ほかのおかず
▶韓国風鶏の照り焼き
▶2色にんじんのごまドレッシングあえ

[作り方]

1 キャベツは食べやすい大きさに切る。耐熱容器に入れてラップをかけ、電子レンジで1分加熱する。
2 水気をきり、塩、こしょう、ごま油を加えて混ぜる。

塩、
ごま油味

[フライパンひとつで]

キャベツとひじきのごま油炒め

ひじきを加えると風味がアップ。めんつゆで和風の仕上がりに。

[材料]（1人分）

キャベツ ····················· ½枚
生ひじき ················· 大さじ1
塩、こしょう ··········· 各少々
めんつゆ（2倍濃縮）······ 少々
ごま油 ····················· 少々

ほかのおかず
▶焼き鮭
▶卵焼き（→p49）

[作り方]

1 キャベツは食べやすい大きさに切る。
2 フライパンにごま油を中火で熱して1とひじきを入れ、しんなりするまで炒める。塩、こしょう、めんつゆを加えてさっと炒める。

めんつゆ
味

キャベツの卵炒め

きれいな色合わせがお弁当に彩りを添えてくれます。

材料（1人分）

キャベツ	1枚
溶き卵	1個分
塩、こしょう	各少々
サラダ油	少々

ほかのおかず
▶煮込みハンバーグ（→p29）

作り方

1 キャベツは食べやすい大きさに切る。

2 フライパンに油を中火で熱し、1をしんなりするまで炒め、塩、こしょうをふってさっと炒める。

3 溶き卵を加えて大きく混ぜながら炒め、卵に完全に火を通す。

塩、こしょう味

これ

キャベツのじゃこポン酢あえ

じゃこを入れると、うまみが足されておいしさアップ！

材料（1人分）

キャベツ	1枚
ちりめんじゃこ	大さじ1
ポン酢しょうゆ	小さじ2

ほかのおかず
▶ミートソースポテト
▶しめじとしいたけの卵炒め

作り方

1 キャベツは食べやすい大きさに切る。耐熱容器に入れてラップをかけ、電子レンジで1分加熱する。

2 水気をきり、ちりめんじゃこ、ポン酢しょうゆを加えて混ぜる。

これ

酢じょうゆ味

これ

キャベツのポン酢おかかあえ

かつお節でうまみをプラス。汁気の吸収にも役立ちます。

材料（1人分）

キャベツ	1枚
ポン酢しょうゆ	小さじ2
かつお節	少々

ほかのおかず
▶ハムのピカタ
▶厚揚げのベーコン巻き

作り方

1 キャベツは食べやすい大きさに切る。耐熱容器に入れてラップをかけ、電子レンジで1分加熱する。

2 水気をきり、ポン酢しょうゆ、かつお節を加えて混ぜる。

酢じょうゆ味

これ

これ

梅味

これ

ドレッシング味

これ

めんつゆ味

`レンチン` `調味料ひとつだけ`

しいたけの梅おかかあえ

うまみのあるきのこに梅肉をからめたさっぱりおかずです。

(材料)（1人分）

しいたけ	1個
梅干し（たたいたもの）	少々
かつお節	少々
ポン酢しょうゆ	小さじ½

ほかのおかず
▶焼き肉（→p45）
▶チンゲン菜のナムル（→p111）

(作り方)

1 しいたけは軸を取り、5mm幅に切る。耐熱容器に入れてラップをかけ、電子レンジで30秒加熱する。
2 梅干し、かつお節、ポン酢しょうゆを加えて混ぜる。

`レンチン` `調味料ひとつだけ`

しめじとセロリのドレッシングあえ

さっとレンチンし、温かいうちにあえると味がなじみやすいです。

(材料)（1人分）

しめじ	⅙パック
セロリ	5cm
ドレッシング（市販品・好みのもの）	小さじ2

ほかのおかず
▶しょうゆ鶏（→p31）
▶卵焼き（→p49）

(作り方)

1 しめじはほぐす。セロリは5mm幅の斜め切りにする。
2 耐熱容器に1を入れてラップをかけ、電子レンジで30秒加熱する。
3 水気をきり、ドレッシングを加えて混ぜる。

`鍋ひとつで` `調味料ひとつだけ`

しめじとほうれん草の煮びたし

鍋に材料を入れてさっと煮るだけなので、朝からでも作れます。

(材料)（1人分）

しめじ	⅙パック
ほうれん草	½株
油揚げ	½枚
めんつゆ（2倍濃縮）、水	各¼カップ

ほかのおかず
▶しょうゆ鶏（→p31）
▶ハムときゅうりの中国風サラダ

(作り方)

1 しめじはほぐす。ほうれん草は3cm長さに切る。油揚げは2cm幅に切る。
2 小鍋にめんつゆ、水を入れ、1を加えて中火にかけ、3分煮る。火を止め、そのまま冷まして味をなじませる。

フライパンひとつで

しめじのケチャップ炒め

どんなきのこでもOK。数種類を組み合わせるのもおすすめです。

材料（1人分）

しめじ ·············· ⅕パック
トマトケチャップ ·· 小さじ2
塩、こしょう ········ 各少々
サラダ油 ················ 少々

作り方

1 しめじはほぐす。
2 フライパンに油を中火で熱し、しめじをさっと炒める。
3 ケチャップ、塩、こしょうを加えてからめる。

ほかのおかず
▶ビッグ竜田揚げ 甘酢あんかけ（→p78）
▶ほうれん草の昆布の佃煮あえ（→p123）

ケチャップ味 これ

フライパンひとつで　調味料ひとつだけ

きのこのめんつゆ炒め

きのこは好みのものでOK。半端に残ったものを合わせても。

材料（1人分）

しめじ ·············· ⅙パック
まいたけ（小房に分けたもの）
··················· 3〜4個
めんつゆ（2倍濃縮）
··················· 小さじ2
サラダ油 ················ 少々

作り方

1 しめじはほぐす。
2 フライパンに油を中火で熱し、しめじ、まいたけをさっと炒める。めんつゆを加え、汁気がなくなるまで炒める。

ほかのおかず
▶たらのフライ
▶ブロッコリーのソテー

めんつゆ味 これ

フライパンひとつで　調味料ひとつだけ

きのこのピリ辛煮

ピリッとした辛味がアクセント。食欲を刺激します。

材料（1人分）

しめじ ·············· ⅙パック
まいたけ（小房に分けたもの）
··················· 3〜4個
赤唐辛子（小口切り）···· 少々
めんつゆ（2倍濃縮）、水
················· 各大さじ1
ごま油 ················ 少々

作り方

1 しめじはほぐす。
2 フライパンにごま油を中火で熱し、しめじ、まいたけをさっと炒める。
3 赤唐辛子、めんつゆ、水を加え、煮汁が半量になるまで炒め煮にする。火を止め、全体に煮汁をからめる。

ほかのおかず
▶さばのごま衣揚げ　▶きゅうり入り卵サラダ（→p91）
▶チンゲン菜のナムル（→p111）

これ　ピリ辛味

`混ぜるだけ` `調味料ひとつだけ`

塩もみきゅうりのみょうがあえ

生で食べられるきゅうりは塩でもむだけで立派な一品に。

(材料)（1人分）

きゅうり	¼本
みょうが	½個
塩	少々

(作り方)

1 きゅうりは小口切りにし、塩をふってもみ、水気が出たら軽く絞る。みょうがは小口切りにする。

2 きゅうりとみょうがを合わせて混ぜる。

ほかのおかず
▶鶏肉の焼き肉のたれ焼き
▶いり卵
▶高野豆腐の煮もの

（塩味）

`混ぜるだけ` `調味料ひとつだけ`

きゅうりとかにかまのポン酢あえ

かにかまでうまみをプラス。ちくわに変えてもOKです。

(材料)（1人分）

きゅうり	3cm
かに風味かまぼこ	1本
ポン酢しょうゆ	小さじ2

(作り方)

1 きゅうりは小口切りにする。かに風味かまぼこはほぐす。

2 きゅうりとかに風味かまぼこを合わせ、ポン酢しょうゆを加えて混ぜる。

ほかのおかず
▶シュウマイの卵とじ
▶えのきのベーコン巻き（→p94）
▶ゆでブロッコリー

（酢じょうゆ味）

`混ぜるだけ`

きゅうりの梅おかかあえ

梅おかかは野菜のおいしさを引き立てる便利な味つけです。

(材料)（1人分）

きゅうり	3cm
梅干し（たたいたもの）	⅓個分
かつお節	少々

(作り方)

きゅうりは乱切りにし、梅干し、かつお節を加えて混ぜる。

ほかのおかず
▶鮭そぼろ（→p47）
▶いり卵
▶ピーマンとなすのオイスターソース炒め（→p119）

（梅味）

塩もみきゅうりのしそあえ

塩でもむだけでも十分ですが、香味食材を足すとよりおいしい！

材料 (1人分)

きゅうり	¼本
青じそ	1枚
かつお節	少々
塩	少々

ほかのおかず

▶焼き肉 (→p45)
▶ゆで卵

作り方

1 きゅうりは小口切りにし、塩をふってもみ、水気が出たら軽く絞る。青じそはせん切りにする。

2 きゅうりと青じそを合わせ、かつお節を加えて混ぜる。

塩味

これ

きゅうりとツナのポン酢あえ

ツナのうまみとポン酢のコクで、混ぜただけとは思えない味に。

材料 (1人分)

きゅうり	3cm
ツナ	大さじ1
ポン酢しょうゆ	小さじ1

ほかのおかず

▶焼き肉 (→p45)
▶ゆで小松菜

作り方

1 きゅうりは小口切りにする。

2 きゅうりとツナを合わせ、ポン酢しょうゆを加えて混ぜる。

これ

酢じょうゆ味

塩もみきゅうりのごまがらめ

塩もみきゅうりに、ごまの食感と香ばしさをプラス。

材料 (1人分)

きゅうり	3cm
塩	少々
白いりごま	小さじ½

ほかのおかず

▶ベーコンとピーマン、玉ねぎ、エリンギのみそ炒め (→p94)
▶のり卵焼き (→p50)

作り方

1 きゅうりは小口切りにし、塩をふってもみ、水気が出たら軽く絞る。

2 ごまを加えて混ぜる。

塩味

これ

これ

しょうゆ
味

これ

マヨ味

これ

味つけ
なし

レンチン 調味料ひとつだけ

アスパラのしょうがじょうゆあえ

しょうがの風味でさっぱり。いんげんで作るのもおすすめです。

材料（1人分）

アスパラガス ·············· 2本
しょうが（すりおろし）
·················· 小さじ⅓
しょうゆ ·············· 小さじ½

ほかのおかず
▶牛肉の砂糖じょうゆ炒め（→p73）
▶卵焼き（→p49）

作り方

1 アスパラは4cm長さの斜め切りにする。耐熱容器に入れ、水大さじ1をふってラップをかけ、電子レンジで1分加熱する。
2 水気をきり、しょうが、しょうゆを加えて混ぜる。

レンチン

アスパラと卵のサラダ

マヨネーズと相性のいいアスパラに卵を足してボリュームアップ。

材料（1人分）

アスパラガス ·············· 2本
ゆで卵 ······················ 1個
マヨネーズ ··········· 小さじ2
塩、こしょう ··········· 各少々

ほかのおかず
▶厚切りハムと玉ねぎ、
　パプリカのケチャップ炒め

作り方

1 アスパラは3cm長さに切る。耐熱容器に入れ、水大さじ1をふってラップをかけ、電子レンジで1分加熱する。
2 ゆで卵をフォークで食べやすい大きさにほぐし、1、マヨネーズ、塩、こしょうを加えて混ぜる。

レンチン

アスパラのベーコン巻き

アスパラはゆでる必要がなく、電子レンジだけで作れます。

材料（1人分）

アスパラガス ·············· 1本
ベーコン ·················· 1枚

ほかのおかず
▶豚肉とれんこん、
　しいたけのピリ辛炒め
▶ゆで卵

作り方

1 アスパラは食べやすい長さに切り、ベーコンで巻く。
2 耐熱容器に入れてラップをかけ、電子レンジで1分30秒加熱する。

レンチン

小松菜のごま風味ナムル

塩とごま油であえる我が家の定番ナムルに、風味をプラス。

材料（1人分）

小松菜 ………………… 1株
塩、こしょう ………… 各少々
ごま油 ……………… 小さじ1
白いりごま ………… 少々

ほかのおかず
▶肉そぼろ（→p25）
▶いり卵

作り方

1 小松菜はラップで包み、電子レンジで1分加熱する。水にとって冷まし、1.5cm幅に切って水気を絞る。
2 塩、こしょう、ごま油、ごまを加えて混ぜる。

これ

塩、
ごま油味

フライパンひとつで

小松菜とかにかまのソテー

シンプルソテーにかにかまを足して食べごたえのある仕上がりに。

材料（1人分）

小松菜 ………………… 1株
かに風味かまぼこ …… 1本
塩、こしょう ………… 各少々
オリーブ油 ………… 少々

ほかのおかず
▶スパムとキャベツのケチャップ炒め

作り方

1 小松菜は3cm長さに切る。かに風味かまぼこはほぐす。
2 フライパンにオリーブ油を中火で熱し、1を油が回るまで炒めて塩、こしょうをふり、さっと炒める。

これ

塩、
こしょう味

レンチン　**調味料ひとつだけ**

小松菜の梅ポン酢あえ

梅肉をポン酢しょうゆでのばして、からみやすくしましょう。

材料（1人分）

小松菜 ………………… 1株
梅干し（たたいたもの）
………………… ½個分
ポン酢しょうゆ ……… 少々

ほかのおかず
▶しょうゆ鶏（→p31）
▶焼き鮭

作り方

1 小松菜はラップで包み、電子レンジで1分加熱する。水にとって冷まし、3cm長さに切って水気を絞る。
2 梅干し、ポン酢しょうゆを加えて混ぜる。

梅味　これ

サブおかずは「ゆでただけ」でも十分です

我が家のお弁当のメインおかずは濃いめのしっかり味にするので、
サブおかずはシンプルな味にしてメリハリをつけています。
そのときによく作るのが、ゆでただけ、切っただけの野菜のおかずです。

すべてのおかずにしっかり味がついていると、くどくて飽きてくるので、
この味つけなしおかずは、
味のバランスをとるのにとてもよく、箸休めにもなります。

「味気ないかしら」と不安になったなら、マヨネーズをちょこっと絞りましょう。
ゆで野菜につけてもいいですし、
ほかのおかずといっしょに食べて味変しながら食べることもできます。

ゆでブロッコリーは、登場回数No.1のゆで野菜。彩りがよく、すき間も埋まるので大活躍します。

ゆでただけのスナップえんどうを卵サラダに添えて。スナップえんどうはさやを開くと豆が見えてかわいいです。

ゆでただけの小松菜。ほかの2つのおかずは味がしっかりついているので、ゆで野菜があると味のバランスがととのいます。

ゆでただけのほうれん草。こってりハンバーグの箸休めとしたり、ポテトサラダといっしょに食べたり。味つけなしだからこそ変幻自在です。

お弁当に入れる野菜は分量が少ないので、

鍋でゆでるのではなく、
電子レンジで加熱するのがおすすめです。

お弁当に使うくらいの少量なら、
1〜2分で火が通るので、
湯を沸かすよりずっと早いです。

よく使う野菜の電子レンジ加熱時間

食材名	分量（1人分）	下準備	加熱時間
オクラ	2本	ラップで直接包む	40秒
キャベツ	1枚	耐熱容器に入れ、ふんわりラップ	1分
グリーンアスパラガス	2本	耐熱容器に入れ、水大さじ1をふってふんわりラップ	1分
小松菜	1株	ラップで直接包む	1分
さやいんげん	5本	耐熱容器に入れ、水大さじ1をふってふんわりラップ	1分
スナップえんどう	4本	ラップで直接包む	30秒
ブロッコリー	2〜3房	耐熱容器に入れ、水小さじ1をふってふんわりラップ	1分
ほうれん草	1株	ラップで直接包む	1分

生でも食べられる野菜は、切ってそのまま入れるだけでもOKです。
おかずの下に敷けば、クッション役にもなります。

レタスを細切りにして詰めました。1枚のまま敷くと時間経過でしなっとしてしまうので、切っておかずの1品にするほうがいいです。

せん切りキャベツをソースヒレかつに添えました。切っただけの野菜は揚げものや、味が濃いおかずのときにおすすめです。

甘辛味

塩、
こしょう味

ドレッシング
味

レンチン

いんげんのごまあえ

定番のサブおかずは電子レンジを使って手早く作りましょう。

材料（1人分）

さやいんげん ………… 5本

A | 黒すりごま …… 小さじ1
  | 砂糖 ………… 小さじ⅓
  | しょうゆ ………… 少々

ほかのおかず

▶しょうが焼き（→p13）
▶小松菜の卵炒め

作り方

1 いんげんは4cm長さに切る。耐熱容器に入れて水大さじ1をふり、ラップをかけて電子レンジで1分加熱する。

2 水気をきり、熱いうちにAを加えて混ぜる。

フライパンひとつで

いんげんとベーコンのソテー

ベーコンを足して、うまみと食べごたえをアップ。

材料（1人分）

さやいんげん ………… 5本
ベーコン ………… 1枚
塩、こしょう ……… 各少々
サラダ油 ………… 少々

ほかのおかず

▶鮭そぼろ（→p47）
▶たけのこの煮もの
▶ゆで卵
▶ゆでブロッコリー

作り方

1 いんげんは4cm長さに切り、耐熱容器に入れて水大さじ1をふり、ラップをかけて電子レンジで1分加熱する。ベーコンは細切りにする。

2 フライパンに油を中火で熱し、ベーコンをカリカリになるまで炒める。

3 いんげんを加え、塩、こしょうをふって炒める。

レンチン　食材ひとつだけ

いんげんの
コールスロードレッシングあえ

とろみのあるドレッシングなのでよくからみます。

材料（1人分）

さやいんげん ………… 3本
コールスロードレッシング
（市販品）………… 小さじ2

ほかのおかず

▶牛肉とパプリカの
　焼き肉のたれ炒め（→p72）
▶ゆで卵

作り方

1 いんげんは2cm長さの斜め切りにする。耐熱容器に入れて水大さじ1をふり、ラップをかけて電子レンジで1分加熱する。

2 水気をきり、熱いうちにドレッシングを加えて混ぜる。

これ
これ
これ

チンゲン菜の素焼き

`フライパンひとつで` `食材ひとつだけ`

焼いてもかさが減らないので、スペースを埋めたいときに便利です。

材料（1人分）

チンゲン菜 ················· 1株
サラダ油 ·················· 少々

ほかのおかず

▶豚肉、なす、玉ねぎ、
　しめじのみそ炒め（→p66）
▶ゆで卵

作り方

1 チンゲン菜は長さを半分に切り、根元のほうは四つ割りにする。
2 フライパンに油を中火で熱し、チンゲン菜を入れ、焼き色がつくまで動かさずに焼く。返して同様に焼く。

味つけなし

これ

`レンチン` `食材ひとつだけ`

チンゲン菜のナムル

シンプルな味で、味が濃いおかずと相性がいいです。

材料（1人分）

チンゲン菜 ············ 3〜4枚
塩、こしょう ········· 各少々
ごま油 ················· 小さじ1

ほかのおかず

▶焼き肉（→p45）
▶ポテトサラダ

作り方

1 チンゲン菜は食べやすい長さに切る。耐熱容器に入れてラップをかけ、電子レンジで1分加熱する。
2 水気をきり、塩、こしょう、ごま油を加えて混ぜる。

これ

塩、ごま油味

`フライパンひとつで`

チンゲン菜の卵炒め

シャキシャキ食感のチンゲン菜を卵でふんわりとまとめます。

材料（1人分）

チンゲン菜 ············ 3〜4枚
溶き卵 ················· 1個分
塩、こしょう ········· 各少々
サラダ油 ·············· 少々

ほかのおかず

▶ハンバーグ（→p29）
▶さといもとベーコンのソテー
　粉チーズあえ

作り方

1 チンゲン菜は食べやすい長さに切る。
2 フライパンに油を中火で熱し、チンゲン菜を炒め、塩、こしょうをふってさっと炒める。
3 溶き卵を加えて大きく混ぜながら炒め、卵に完全に火を通す。

これ

塩、こしょう味

111

これ

塩、
こしょう味

フライパンひとつで　食材ひとつだけ

ズッキーニのソテー

ソテーするとほくっとした食感に。じっくり焼くのがコツです。

材料 （1人分）

ズッキーニ（1cm幅の輪切り）
‥‥‥‥‥‥‥‥‥‥‥‥‥ 2枚
塩、こしょう ‥‥‥‥ 各少々
オリーブ油 ‥‥‥‥‥‥ 少々

ほかのおかず
▶スパムのピカタ
▶スナップえんどう入り卵サラダ（→p91）
▶焼きさつま揚げ
▶ミニトマト

作り方

1 フライパンにオリーブ油を
中火で熱し、ズッキーニを
並べ、焼き色がつくまで動
かさずに焼く。返して同様
に焼く。
2 塩、こしょうをふる。

これ

塩、
こしょう味

フライパンひとつで

ズッキーニとソーセージのソテー

ズッキーニの食感が残るように、さっと炒めましょう。

材料 （1人分）

ズッキーニ ‥‥‥‥‥‥ ¼本
ウインナソーセージ ‥‥ 1本
塩、こしょう ‥‥‥‥ 各少々
オリーブ油 ‥‥‥‥‥‥ 少々

ほかのおかず
▶しょうゆ鶏（→p31）
▶コーン入りさつま揚げ

作り方

1 ズッキーニは1.5cm幅のい
ちょう切りにする。ソーセ
ージは5mm幅の斜め切りに
する。
2 フライパンにオリーブ油を
中火で熱し、1を油が回る
まで炒めて塩、こしょうを
ふり、焼き色がつくまで炒
める。

これ

フライパンひとつで　調味料ひとつだけ

ズッキーニのケチャップ炒め

ケチャップの甘酸っぱさがよく合います。

材料 （1人分）

ズッキーニ（1cm幅の輪切り）
‥‥‥‥‥‥‥‥‥‥‥‥‥ 2枚
トマトケチャップ ‥‥ 小さじ1
サラダ油 ‥‥‥‥‥‥‥‥ 少々

ほかのおかず
▶卵焼き（→p49）
▶ブロッコリーのベーコン巻き（→p94）
▶ソーセージとさつま揚げのソテー
▶ミニトマト

作り方

1 フライパンに油を中火で熱
し、ズッキーニを並べ、焼
き色がつくまで動かさずに
焼く。返して同様に焼く。
2 ケチャップを加え、からめ
る。

※ここでは、半端に残っていたピー
マンもいっしょに炒めています。

ケチャップ
味

レンチン　調味料ひとつだけ

ズッキーニのポン酢おかかあえ

食感が残る程度に加熱を。歯切れのよさがクセになります。

材料 （1人分）

ズッキーニ（緑・黄）
---------------------- 各⅛本
ポン酢しょうゆ ----- 小さじ1
かつお節 ---------------- 少々

ほかのおかず
▶しょうゆ鶏（→p31）
▶ソーセージのソテー
▶ブロッコリーの和風ドレッシングあえ

作り方

1 ズッキーニは四つ割りにする。耐熱容器に入れ、ラップをかけて電子レンジで1分加熱する。

2 水気をきり、ポン酢しょうゆ、かつお節を加えて混ぜる。

酢じょうゆ味

これ

フライパンひとつで

ズッキーニのカレー炒め

スパイシーな風味で、いつものお弁当に変化がつきます。

材料 （1人分）

ズッキーニ（緑・黄）
---------------------- 各⅛本
マッシュルーム --------- 1個
塩、こしょう -------- 各少々
カレー粉 ---------- 小さじ¼
サラダ油 ---------------- 少々

ほかのおかず
▶厚切りハムのケチャップソテー
▶のり卵焼き（→p50）
▶キャベツのナムル（→p100）

作り方

1 ズッキーニは1cm幅の半月切りにする。マッシュルームは薄切りにする。

2 フライパンに油を中火で熱して1を炒め、焼き色がついたら塩、こしょう、カレー粉をふって炒める。

カレー味

これ

フライパンひとつで

ズッキーニのケチャップじょうゆ炒め

ツナのうまみとケチャップのコクで深みのある味に。

材料 （1人分）

ズッキーニ ------------- ⅓本
ツナ ---------------- 大さじ2
塩、こしょう -------- 各少々
トマトケチャップ -- 大さじ1
しょうゆ ---------- 小さじ1
オリーブ油 ------------- 少々

ほかのおかず
▶小松菜の肉巻き（→p23）
▶にんじんとセロリの甘酢あえ（→117）
▶ミニトマト

作り方

1 ズッキーニは1cm幅の輪切りにする。

2 フライパンにオリーブ油を中火で熱して1を並べ、両面を焼き色がつくまで焼く。

3 ツナ、塩、こしょう、ケチャップ、しょうゆを加え、全体にからむまで炒める。

ケチャップ味

これ

これ

酢じょうゆ味

レンチン **調味料ひとつだけ**

なすとパプリカのごまポン酢あえ

ごまが調味料を吸うので、なすに味がからみやすいです。

材料（1人分）

なす	½個
パプリカ（赤）	⅛個
まいたけ（小房に分けたもの）	2〜3個
白すりごま	小さじ1
ポン酢しょうゆ	小さじ2

ほかのおかず
▶しょうが焼き（→p13）
▶いり卵

作り方

1 なすは1.5cm幅のいちょう切りにする。パプリカは1.5cm四方に切る。

2 耐熱容器に1、まいたけを入れ、ラップをかけて電子レンジで1分加熱する。

3 水気をきり、ごま、ポン酢しょうゆを加えて混ぜる。

これ

みそ味

フライパンひとつで

なすのみそ炒め

なすとみそは相性バツグン。合わせる野菜はピーマンでもOK。

材料（1人分）

なす	½個
チンゲン菜	2〜3枚
にんじん	少々
A みそ、みりん	各小さじ1
砂糖	少々
サラダ油	少々

ほかのおかず
▶鮭そぼろ（→p47）
▶がんもどきとこんにゃくの煮もの
▶ソーセージのソテー
▶ミニトマト

作り方

1 なすは乱切りにする。チンゲン菜は食べやすい長さに切る。にんじんは細切りにする。Aは混ぜる。

2 フライパンに油を中火で熱し、1の野菜を炒める。なすがしんなりしたらAを加えてからめる。

これ

酢じょうゆ味

フライパンひとつで **調味料ひとつだけ**

なすとピーマンのポン酢炒め

さっぱりしていますが、味がしっかりついていてお弁当向き。

材料（1人分）

なす	½個
ピーマン	½個
ポン酢しょうゆ	小さじ2
ごま油	少々

ほかのおかず
▶スパムのピカタ
▶焼きさつま揚げ

作り方

1 なす、ピーマンは乱切りにする。

2 フライパンにごま油を中火で熱し、1を炒める。焼き色がついたらポン酢しょうゆを加え、汁気がなくなるまで炒める。

塩もみなす

あっさり浅漬けのようなおかず。塩味でなすの甘みが引き立ちます。

材料（1人分）

なす ························· ⅓個
塩 ···························· 少々
いり白ごま ·············· 少々

ほかのおかず

▶スパムのピカタ
▶蒸し鶏とキャベツのソテー

作り方

1 なすは薄い輪切りにし、塩をふってもみ、水気が出たら軽く絞る。
2 ごまを加えて混ぜる。

これ

塩味

鍋ひとつで　調味料ひとつだけ

なすの煮びたし

表面に切り目を入れると、味がしみ込みやすいです。

材料（1人分）

なす ························· ½個
めんつゆ（2倍濃縮）·· 大さじ3
水 ························· ¾カップ

ほかのおかず

▶豚肉のドレッシング+しょうゆ漬け
　（→p43）
▶キャベツの卵炒め（→p101）
▶ゆでブロッコリー
▶ミニトマト

作り方

1 なすは斜めに切り目を入れ、食べやすい大きさに切る。
2 小鍋にめんつゆ、水、なすを入れて中火にかけ、10分ほど煮る。火を止め、そのまま冷まして味をなじませる。

これ

めんつゆ味

レンチン　食材ひとつだけ

なすのナムル

工程も調味料も少なく、野菜の味が楽しめるおすすめのレシピ。

材料（1人分）

なす ························· ½個
塩、こしょう ··········· 各少々
ごま油 ················· 小さじ1

ほかのおかず

▶豚肉とれんこん、ピーマンのピリ辛みそ炒め
▶卵焼き（→p49）

作り方

1 なすは縦半分に切り、1cm幅に切る。耐熱容器に入れてラップをかけ、電子レンジで1分加熱する。
2 水気をきり、塩、こしょう、ごま油を加えて混ぜる。

これ

塩、ごま油味

`レンチン` `食材ひとつだけ` `調味料ひとつだけ`

塩もみにんじん

レンチンでほどよく水分が抜け、味がなじみやすくなります。

(材料)(1人分)

にんじん -------------------- 3cm
塩 ------------------------------- 少々

ほかのおかず
▶鶏のから揚げ
　めんつゆマヨあえ (→p19)
▶ピーマンとまいたけの
　オイスターソース炒め (→p119)

(作り方)

1 にんじんは薄い半月切りにする。耐熱容器に入れ、塩をもみ込む。
2 ラップをかけて電子レンジで30秒加熱する。キッチンペーパーで包み、水分を軽く絞る。

塩味

`フライパンひとつで`

にんじんのきんぴら

にんじん¼本がぺろりと食べられます。

(材料)(1人分)

にんじん -------------------- ¼本
　　│ みりん --------- 小さじ2
A│ 砂糖 ------------- 小さじ1
　　│ しょうゆ ----------- 少々
ごま油 --------------------- 少々
白いりごま ---------- 小さじ1

ほかのおかず
▶豚肉とピーマン、なすのみそ炒め (→p66)
▶チンゲン菜のナムル (→p111)

(作り方)

1 にんじんは細切りにする。
2 フライパンにごま油を熱し、にんじんをしんなりするまで炒める。Aを加え、汁気がほとんどなくなるまで炒め、ごまをふる。

甘辛味

`フライパンひとつで`

にんじんとピーマンのソテー

ほどよい歯ごたえで、お弁当の中で食感のアクセントに。

(材料)(1人分)

にんじん -------------------- ¼本
ピーマン -------------------- ½個
塩、こしょう --------- 各少々
サラダ油 ------------------- 少々

ほかのおかず
▶しいたけ入り牛煮 (→p35)

(作り方)

1 にんじん、ピーマンは細切りにする。
2 フライパンに油を中火で熱し、1を炒める。しんなりしたら塩、こしょうをふり、さっと炒める。

塩、
こしょう味

食材ひとつだけ 保存OK 冷蔵3日

キャロットラペ

スライサーを使うと、断面が粗く削れるので味が早くなじみます。

材料（作りやすい分量）

にんじん	1本
A	はちみつ、酢、オリーブ油 …… 各大さじ1 塩 …… 小さじ½ 粗びき黒こしょう …… 少々

作り方

1 にんじんはせん切りにする（あればスライサーで削る）。
2 ボウルにAを合わせ、1を加えて混ぜる。冷蔵庫で30分以上おいて味をなじませる。

ほかのおかず
▶焼き肉のたれのしょうゆ鶏（→p31）
▶卵サラダ（→p91）
▶さつまいものフリッター

甘酢味

これ

混ぜるだけ

にんじんとセロリの甘酢あえ

口をさっぱりさせてくれるので、箸休めにぴったりです。

材料（1人分）

にんじん	⅙本
セロリ	3cm
塩	少々
A	酢 …… 小さじ1 砂糖 …… 小さじ½

作り方

1 にんじんは薄い半月切りにする。セロリは薄切りにする。ボウルに合わせて入れ、塩をふって混ぜ、水気が出たらキッチンペーパーでふき取る。
2 Aを混ぜ、1を加えて混ぜる。

ほかのおかず
▶鶏のから揚げ（→p17）
▶たけのこの煮もの

甘酢味

これ

鍋ひとつで 食材ひとつだけ

にんじんの甘煮

にんじんの味を生かした、甘さ控えめの味つけです。

材料（6枚分）

にんじん（1cm厚さの輪切り）	6枚
はちみつ	小さじ2
砂糖	小さじ1
塩	少々

作り方

1 小鍋にすべての材料を入れ、水をかぶるくらいまで加える。
2 中火にかけ、煮汁が半量になるまで煮る。

ほかのおかず
▶煮込みハンバーグ（→p29）
▶スクランブルエッグ

甘味

これ

これ

塩、
ごま油味

これ

塩、
こしょう味

これ

マヨ味

レンチン

パプリカのナムル

パプリカの甘みが楽しめます。ピーマンで作るのもおいしいです。

材料（1人分）

パプリカ（赤・オレンジ）
　　　　　　　　　 各⅛個
塩、こしょう ……… 各少々
ごま油 …………… 小さじ1

ほかのおかず
▶ソーセージ＆ズッキーニの
　肉巻き（→p23）
▶卵サラダ（→p91）

作り方

1 パプリカは薄切りにする。
耐熱容器に入れてラップを
かけ、電子レンジで1分加
熱する。

2 水気をきり、塩、こしょう、
ごま油を加えて混ぜる。

フライパンひとつで

ピーマンとソーセージのソテー

ピーマンのほろ苦さがソーセージのうまみとよく合います。

材料（1人分）

ピーマン ……………… ½個
ウインナソーセージ …… 2本
塩、こしょう ……… 各少々
サラダ油 ………………… 少々

ほかのおかず
▶しょうゆ鶏（→p31）
▶のり卵焼き（→p50）

作り方

1 ピーマンは食べやすい大き
さに切る。ソーセージは長
さを半分に切り、切り口と
逆側に十字の切り目を入れ
る。

2 フライパンに油を中火で熱
して1を入れ、ソーセージ
の十字の切り目が開くまで
炒め、塩、こしょうをふる。

混ぜるだけ

ピーマンのツナマヨあえ

ツナマヨはどんな野菜にも合う万能あえ衣。満足感もあります。

材料（1人分）

ピーマン ……………… ⅓個
ツナ ………………… 大さじ1
マヨネーズ ………… 小さじ2
塩、こしょう ……… 各少々

ほかのおかず
▶鶏のから揚げ
　焼き肉のたれあえ（→p18）
▶ゆで卵

作り方

1 ピーマンは細切りにする。

2 1にツナ、マヨネーズ、塩、
こしょうを加えて混ぜる。

ピーマンのおかか昆布あえ

おかかを足してうまみアップ。味がからみやすくもなります。

材料（1人分）

ピーマン ………………… 1個
かつお節 ………………… 少々
昆布の佃煮 ……………… 少々

ほかのおかず
▶牛肉と新じゃがの煮もの
▶卵焼き（→p49）

作り方

1 ピーマンは5mm幅の輪切りにする。耐熱容器に入れてラップをかけ、電子レンジで30秒加熱する。
2 水気をきり、かつお節、昆布の佃煮を加えて混ぜる。

甘辛味

これ

ピーマンのごまあえ

ごまがたっぷりで香ばしい、ほんのり甘いあえ衣です。

材料（1人分）

ピーマン、赤ピーマン
………………… 各¼個
A 白すりごま …… 小さじ1
　 砂糖 ………… 小さじ⅓
　 しょうゆ ………… 少々

ほかのおかず
▶肉そぼろ卵焼き（→p25）
▶ポテトサラダ

作り方

1 ピーマン、赤ピーマンは細切りにする。耐熱容器に入れてラップをかけ、電子レンジで30秒加熱する。
2 水気をきり、Aを加えて混ぜる。

これ

甘辛味

ピーマンとちくわの
オイスターソース炒め

食感が残るようにさっと炒めるだけ！　コクのある仕上がりです。

材料（1人分）

ピーマン ………………… ½個
ちくわ …………………… 1本
塩、こしょう ………… 各少々
オイスターソース ‥ 小さじ1
ごま油 …………………… 少々

ほかのおかず
▶肉そぼろ（→p25）
▶いり卵

作り方

1 ピーマンは1cm幅に切る。ちくわは1cm幅の斜め切りにする。
2 フライパンにごま油を中火で熱して1を油が回るまで炒める。塩、こしょうをふってさっと炒め、オイスターソースを加えて全体にからめる。

これ

オイスター
ソース味

これ

味つけなし

レンチン

ブロッコリーのハム巻き

ゆでブロッコリーにハムを巻くだけで、おかずらしい仕上がりに。

材料（1人分）

ブロッコリー 2房
ハム 1枚

ほかのおかず
▶肉そぼろ（→p25）
▶さつまいものごま塩ソテー
▶ミニトマト

作り方

1 耐熱容器にブロッコリーを入れ、水小さじ1をふってラップをかけ、電子レンジで1分加熱する。

2 ハムは半分に切り、1に巻く。

これ

甘辛味

レンチン

ブロッコリーのごまあえ

和風おかずにも、洋風おかずにも合う副菜です。

材料（1人分）

ブロッコリー .... 2〜3房
ちくわ .... ½本
A｜ 白すりごま 小さじ1
　｜ 砂糖 .... 小さじ⅓
　｜ しょうゆ .... 少々

ほかのおかず
▶豚肉、ピーマン、パプリカ、しめじのポン酢しょうゆ炒め
▶かにかま卵焼き（→p51）

作り方

1 耐熱容器にブロッコリーを入れ、水小さじ1をふってラップをかけ、電子レンジで1分加熱する。

2 ちくわは5mm幅の輪切りにする。

3 1の水気をきって2と合わせ、Aを加えて混ぜる。

これ

マヨ味

レンチン

ブロッコリーのツナマヨあえ

味の濃いブロッコリーにツナマヨのコクがマッチ。

材料（1人分）

ブロッコリー .... 2〜3房
ツナ 大さじ1
マヨネーズ 小さじ2
塩、こしょう .... 各少々

ほかのおかず
▶焼き肉のたれのしょうゆ鶏（→p31）
▶しめじの卵炒め

作り方

1 耐熱容器にブロッコリーを入れ、水小さじ1をふってラップをかけ、電子レンジで1分加熱する。

2 水気をきり、ツナ、マヨネーズ、塩、こしょうを加えて混ぜる。

味つけ
なし

これ

これ

塩、
こしょう味

うま塩味

これ

フライパンひとつで ｜ **食材ひとつだけ**

焼きブロッコリー

こんがり焼くと香ばしく、甘みが引き出されておいしいです。

材料 （1人分）

ブロッコリー ············· 3房
オリーブ油 ················ 少々

ほかのおかず

▶鶏のから揚げ（→p17）
▶卵サラダ（→p91）

作り方

フライパンにオリーブ油を中火で熱し、ブロッコリーを並べ、焼き色がつくまで動かさずに焼く。返して同様に焼く。

フライパンひとつで

ブロッコリーのオムレツ風卵とじ

食べごたえのあるサブおかずがほしいときにおすすめ。

材料 （1人分）

ブロッコリー ········· 2〜3房
溶き卵 ···················· 1個分
塩、こしょう ········· 各少々
サラダ油 ················· 少々

ほかのおかず

▶豚肉とチンゲン菜のケチャップ炒め（→p67）
▶しめじのポン酢あえ

作り方

1 耐熱容器にブロッコリーを入れ、水小さじ1をふってラップをかけ、電子レンジで1分加熱する。
2 フライパンに油を中火で熱し、1をさっと炒め、塩、こしょうをふる。
3 溶き卵を加え、ブロッコリーを包み込むようにしてオムレツ状にし、両面に焼き色がつくまで焼く。火を消し、余熱で完全に火を通す。

レンチン

ブロッコリーの塩昆布あえ

あえるだけで味がぴたりと決まる便利おかずです。

材料 （1人分）

ブロッコリー ········· 2〜3房
塩昆布 ···················· 少々

ほかのおかず

▶鮭そぼろ（→p47）
▶のり卵焼き（→p50）

作り方

1 耐熱容器にブロッコリーを入れ、水小さじ1をふってラップをかけ、電子レンジで1分加熱する。
2 水気をきり、塩昆布を加えて混ぜる。

のおかず

これ

しょうゆ味

レンチン

ほうれん草のおかかあえ

定番のサブおかず。ほうれん草はレンチンだからラクチンです！

材料（1人分）

ほうれん草 ················· 1株
かつお節 ················· 少々
しょうゆ ················· 少々

ほかのおかず
▶鮭そぼろ（→p47）
▶卵焼き（→p49）

作り方

1 ほうれん草はラップで包み、電子レンジで1分加熱する。水にとって冷まし、水気を絞って3cm長さに切る。
2 かつお節、しょうゆを加えて混ぜる。

これ

梅味

レンチン

ほうれん草の梅おかかあえ

梅干しは調味料感覚で使える便利な食材です。小松菜でもOK。

材料（1人分）

ほうれん草 ················· 1株
梅干し（たたいたもの）
 ················· ⅓個分
かつお節 ················· 少々

ほかのおかず
▶天丼（→p61）

作り方

1 ほうれん草はラップで包み、電子レンジで1分加熱する。水にとって冷まし、水気を絞って3cm長さに切る。
2 梅干し、かつお節を加えて混ぜる。

レンチン

ほうれん草のごまあえ

ごまの風味がおいしい定番おかず。ごまの白・黒は好みで。

材料（1人分）

ほうれん草 ················· 1株
A ┃ 黒すりごま ······ 小さじ1
 ┃ 砂糖 ············ 小さじ⅓
 ┃ しょうゆ ············ 少々

ほかのおかず
▶焼き鮭
▶卵焼き（→p49）

作り方

1 ほうれん草はラップで包み、電子レンジで1分加熱する。水にとって冷まし、水気を絞って3cm長さに切る。
2 Aを混ぜ合わせ、1を加えて混ぜる。

これ

甘辛味

ほうれん草の昆布の佃煮あえ

佃煮は味が濃いから、あえるだけで完成。簡単おいしい副菜です。

材料 (1人分)

ほうれん草 ・・・・・・・・・・・・・ 1株
昆布の佃煮 ・・・・・・・・・・・・・ 少々

ほかのおかず
▶スパムのピカタ
▶ピーマンとちくわの
　オイスターソース炒め (→p119)

作り方

1 ほうれん草はラップで包み、電子レンジで1分加熱する。水にとって冷まし、水気を絞って3cm長さに切る。
2 昆布の佃煮を加えて混ぜる。

これ

甘辛味

フライパンひとつで

ほうれん草とベーコンのソテー

ベーコンを足すとおかず感が増します。ほうれん草だけでもOK。

材料 (1人分)

ほうれん草 ・・・・・・・・・・・・・ 1株
ベーコン ・・・・・・・・・・・・・・・ 1枚
塩、こしょう ・・・・・・・・・ 各少々
サラダ油 ・・・・・・・・・・・・・・・ 少々

ほかのおかず
▶のり卵焼き (→p50)
▶ごぼうとにんじんのきんぴら

作り方

1 ほうれん草は3cm長さに切る。ベーコンは1cm幅に切る。
2 フライパンに油を熱し、1を炒める。ほうれん草がしんなりしたら塩、こしょうをふり、さっと炒める。

これ

塩、
こしょう味

レンチン　調味料ひとつだけ

ほうれん草ののり巻き

食べるころにはのりがしっとりしてまとまり、よりおいしくなります。

材料 (1人分)

ほうれん草 ・・・・・・・・・・・・・ 1株
焼きのり(8切りサイズ) ・・・ 1枚
しょうゆ ・・・・・・・・・・・・・・・ 少々

ほかのおかず
▶コーン入り卵サラダ (→p91)
▶ハッシュドポテト
▶鮭、ブロッコリー、パプリカの
　ケチャップ炒め

作り方

1 ほうれん草はラップで包み、電子レンジで1分加熱する。水にとって冷まし、水気を絞って3cm長さに切る。
2 のりで巻き、切り口にしょうゆをたらす。

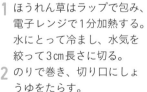

これ

しょうゆ
味

差し替え野菜がすぐわかる！
似ているサブおかず INDEX

サブおかずは野菜の種類を変え、味つけや調理法は同じであることも多いです。
ほかの野菜に変えても作れることがわかるように、似ているおかずをまとめました。

ポン酢あえ

 p101
キャベツの
じゃこポン酢あえ

 p101
キャベツのポン酢
おかかあえ

 p104
きゅうりとかにかまの
ポン酢あえ

 p105
きゅうりとツナの
ポン酢あえ

 p107
小松菜の
梅ポン酢あえ

 p113
ズッキーニのポン酢
おかかあえ

 p114
なすとパプリカの
ごまポン酢あえ

ナムル

 p100
キャベツのナムル

 p107
小松菜のごま風味
ナムル

 p111
チンゲン菜の
ナムル

 p115
なすのナムル

 p118
パプリカのナムル

塩もみ

 p104
塩もみきゅうりの
みょうがあえ

 p105
塩もみきゅうりの
しそあえ

 p105
塩もみきゅうりの
ごまがらめ

 p115
塩もみなす

 p116
塩もみにんじん

ごまあえ

 p110
いんげんの
ごまあえ

 p119
ピーマンの
ごまあえ

 p120
ブロッコリーの
ごまあえ

 p122
ほうれん草の
ごまあえ

昆布の佃煮・塩昆布あえ	p119 ピーマンのおかか昆布あえ	p121 ブロッコリーの塩昆布あえ	p123 ほうれん草の昆布の佃煮あえ	

おかか・梅おかかあえ	p102 しいたけの梅おかかあえ	p104 きゅうりの梅おかかあえ	p122 ほうれん草のおかかあえ	p122 ほうれん草の梅おかかあえ

塩、こしょうソテー	p100 キャベツとソーセージのソテー	p107 小松菜とかにかまのソテー	p110 いんげんとベーコンのソテー	p112 ズッキーニのソテー
	p112 ズッキーニとソーセージのソテー	p116 にんじんとピーマンのソテー	p118 ピーマンとソーセージのソテー	p123 ほうれん草とベーコンのソテー

マヨネーズあえ	p106 アスパラと卵のサラダ	p118 ピーマンのツナマヨあえ	p120 ブロッコリーのツナマヨあえ

ケチャップ炒め	p103 しめじのケチャップ炒め	p112 ズッキーニのケチャップ炒め	卵炒め	p101 キャベツの卵炒め	p111 チンゲン菜の卵炒め

ごはんを斜めに詰め、仕切りには 青じそを使うと、おいしそうに見えます

お弁当は見栄えも大事で、おいしそうに見せるには詰め方が肝心です。
そうはいってもp5でお伝えした通り、
私の詰め方はたったの2通りですし、特別凝ったこともしていません。

強いてコツをいうならば、
一番に詰めるごはんは、おかずを入れるほうに傾斜をつけて詰めること。
こうすると、このあと詰めるおかずのスペースを確保でき、
ゆとりができておいしそうに見えます。
おかずが安定し、偏りにくくなる効果もあります。

2分割盛り（→p5）の場合は、おかずを詰めるスペースを1/3ほどあけてごはんを盛り、おかずとの境目を斜めにします。

のっけ盛り（→p5）の場合は、全体にごはんを詰めますが、おかずを詰める部分はゆるやかに傾斜をつけておきます。

このあとおかずを詰めていきますが、その前にするのが、
曲げわっぱの底面が出ないようにおかずカップで覆うことです。
これはうまく詰めるためや、仕切りの目的ではなく、
曲げわっぱを長く大事に使うための汚れ防止の
目的でしていますが、おかずの**油や調味料が**
しみ込む心配がなく、洗いものもラクです。

ごはんを詰めたスペース以外はおかずカップを敷き、底面を覆うようにします。

おかずを詰めるときは、仕切り板は使いません。
仕切り板があるとおかずがきゅうくつに見えますし、
スペースが限られることでむしろ詰めにくくなるからです。

おかずを分けるのに、シリコンカップを使うこともありません。
以前は使っていたこともありましたが、
油汚れが取れにくく、洗うのがめんどうになり、次第に使わなくなりました。

その代わりとして**使うのは、青じそです。**
葉もの野菜のように時間がたってもしなっとしませんし、
バランとは違い、食べることもできます。
緑色がちらっと見えるように敷くと、彩りにもひと役かってきれいです。

おかずを詰めるところに、ごはんの傾斜に沿って青じそを敷きます。

青じそは、味移りしたくないおかず同士の仕切りにも使います。

おかずは**メイン→サブの順に詰めます**が、
このときのポイントは、ごはんに寄りかかるようにすること。
そうすると、おかずの表面積が増えて立体感が出て、見栄えがよくなります。

形のあるおかずは、ごはんの傾斜に沿って寝かせるように詰めます。

青じそを仕切りとして敷いてから、サブおかずを詰めます。

＼ 完成！／

最後に彩りが足りなければ漬けもので補い（→p96）、
できあがりです。

長谷川りえ
（はせがわ りえ）

料理研究家。FOOD＆風土主宰。大手食品会社で商品開発を担当
後、レストラン、フランス菓子店、料理研究家のアシスタントを
経て独立。現在はテレビ、書籍、雑誌などで活躍。神奈川県の「三
浦半島はイタリア半島プロジェクト」の発案者としても活動して
いる。25年ほど前からお弁当作りをはじめ、自ら撮影をしたリ
アルなお弁当の写真をブログやSNSで紹介している。本書のお
弁当の写真も、多くは自身で撮影したものを掲載。著書に『新装
版 繰り返し作りたくなる！ ラク弁当レシピ スペシャル』（マイ
ナビ出版）、『ラク弁当の本』（二見書房）などがある。

ホームページ　　https://riesanpro.wixsite.com/mysite-rie
インスタグラム　@rierincook
ツイッター　　　@rhasegawa1031c1

本書に関するお問い合わせは、書名・発行日・該当ページを明記の上、
下記のいずれかの方法にてお送りください。
電話でのお問い合わせはお受けしておりません。
●ナツメ社webサイトの問い合わせフォーム　https://www.natsume.co.jp/contact
●FAX (03-3291-1305)
●郵送（下記、ナツメ出版企画株式会社宛て）
なお、回答までに日にちをいただく場合があります。正誤のお問い合わせ以外の
書籍内容に関する解説・個別の相談は行っておりません。あらかじめご了承ください。

スタッフ

撮影　　　豊田朋子
　　　　　（p1、p2、p3の左、p5の下、p10、
　　　　　p62〜63、p64、p98、p126〜127、p128）
デザイン　蓮尾真沙子 (tri)
イラスト　得地直美
編集協力　荒巻洋子
編集担当　梅津愛美（ナツメ出版企画株式会社）

詰め方・おかずで悩まない！
（つめかた・おかずでなやまない）
毎日のラクべんとう図鑑
（まいにちのラクべんとうずかん）

2023年3月6日　　初版発行
2024年3月10日　　第4刷発行

著　者　　長谷川りえ　　　　　©Hasegawa Rie,2023
（はせがわ りえ）

発行者　　田村正隆

発行所　　株式会社ナツメ社
　　　　　東京都千代田区神田神保町1-52
　　　　　ナツメ社ビル1F（〒101-0051）
　　　　　電話 03-3291-1257（代表）　FAX 03-3291-5761
　　　　　振替 00130-1-58661

制　作　　ナツメ出版企画株式会社
　　　　　東京都千代田区神田神保町1-52
　　　　　ナツメ社ビル3F（〒101-0051）
　　　　　電話 03-3295-3921（代表）

印刷所　　図書印刷株式会社

ISBN978-4-8163-7336-7
Printed in Japan

ナツメ社Webサイト
https://www.natsume.co.jp
書籍の最新情報（正誤情報を含む）は
ナツメ社Webサイトをご覧ください。